なつかしいハーモニーの惑星へ

関野あやこ

今　この惑星には
制限の　分離の磁場から出ていくことを
深いところで同意した意識たちが　圧倒的に存在しています。

まだ自分がそうだと気づいていなくても
本当の情報や　真実を聞いたとき
自分の中のエッセンスが　動き出して　止まらなくなります。

私たちは　今　本来の姿に戻ろうとしています。

この惑星にやって来たときの
自由な　宇宙と同じ　なんの法則もない
なつかしいハーモニーの　自分の次元に出ていこうとしています。

INDEX

無価値感
罪悪感

Chapter 1　物理次元はすべてウェーブでできている

イベント『新しい地球へ』２０１０・１・１７　東京、１・３１　京都にて

２００８年９月ロサンゼルスで行なったバシャールとのコラボ映像のショートムービーと、１年後の９月、フランスのランブイエで収録した、量子物理学者であり、内科医のベアトリスとの対談のハイライトシーン上映のあとに、３時間のセッションを行ないました。

このイベントは、ロス、フランスのコラボレーション映像の上映からスタートし、関野あやこのセッションに続きます。

本文は、テープ起こしをもとに、読みやすく編集しています。

■２００８．９．１７　ロサンゼルスでのバシャールとのコラボレーション『次の地球へ』より

バシャール　今、惑星規模で、古いシステムが崩壊し始めていることに、皆さん気づいていると思います。

そしてそれは続きます。それによって、新しいシステムが取って代われるのです。

皆さんの社会の中で、それが見やすくなっていると思います。

古い伝統的な組織や仕組みが、今、崩壊し始めています。

既に始まっています。

AYAKO　それはすごく感じます。実際にこんなに変革が……
どれを見ても、惑星が変革していっていることの表れにしか見えないことが、いっぱい起きています。

バシャール　ＹＥＳ！　皆さんは今、自分たちをそういうものすべてが、
自分たちの鏡であり、反映であるというところへ、自分たちを移動させていっています。

AYAKO　見方がすごくシンプルになりますよね。

バシャール　より、シンプルに。よりシンプルに！　もっとシンプルに！

AYAKO　イエス！「シンプルなのに、すべて」というのは、すごいですよね。

バシャール　イエース。
すべては「ひとつ」のものからできているからです。
すべては「ひとつ」のさまざまな角度からの表現にすぎません。

すべてのものが、「大いなるすべて」「ワンネス」から派生している
単なる表現の違いだけだということがわかり始めると、
すべてがシンプルに見えてきます。

そういうものの見方ができるようになると、
すべてが圧倒されるほど美しく、そしてパワフルなものです。
そして、その見方は、とても楽しいものです。

その光から、その見方から、
すべてが理解できるようになります。

■２００８．９．１６のコラボレーション映像より　箱の話

バシャール　箱の中に自分がいると考えているとき、ぜんぜん自由がありませんね。
でも、その箱が幻想（イリュージョン）で、
これは本物ではない、実体がないと感じたとき、わかったとき、あなたは自由になります。

体験はリアルです。
でも、箱は、現実にはありません。

箱はありません。あったこともありません。
箱があるという体験はあります。でも、箱はないのです。

AYAKO　自分で選んでいたイリュージョンが、本当に力をなくし、
形がなくなっていくのがわかります。

■２００９・９・１６　フランスにて、量子物理学者／内科医ベア・トリスとのコラボ映像「物理次元はすべてウェーブでできている」より

AYAKO　実際に、私たちが本当にただのバイブレーションなんだ、
そして、選んだバイブレーションを体験しているだけなんだ、
外の現実が、すごくリアルだと思っていたかもしれないけど、現実はただ中立な映像で、
体験しているのは自分の中だけなんだって、気づくところにいこうとしている……

ベア　AYAKOが言ってることは、１００％そう思うし、最近それを体感し始めたのね。
以前は例えば、恐怖を感じる時、この恐怖はこの現実と関係しているのが当たり前と思っていたのが、
それが、起きてる現実とは関係なくて、どこかで自分が選択して体感しているものなのかしらって思い始めたの。

AYAKO　ほんとに体験しているのはただのバイブレーション。例えば、あなたが言った恐怖にしても、
その恐怖というバイブレーションを握っているだけなのね、選択して。そして今は、それを手放すこともできる。

そして物理学に戻るけど、さっきちょうどベアが言ってたように、私たちは今まで、
いろんな情報を知識のレベルで話しても、みんな知識で止まってしまっているところがあるのね。
そして、いつも考えるわけ、その情報をどうしたらいいんだろう。
でも自分につながっていって、使ってなかった高い意識のほうにつながり出して、意識が上がっていけば、
物理学で言っていることが、実際見えてくる。
本当に私たちがただの波動でできていて、ウェーブが起きていて、
そのウェーブは宇宙ともつながっていて、すべてとつながっているということを、思い出していく。

そして、操縦席に座って、
そのウェーブであるひとつの波動を、自分が選んでいて、
居心地が悪かったら、手を放し、意識的に選び変えることができるようになる。

現実が本当にやわらかくなってきて、
このバイブレーションを、私が選んで体験してたんだっていうことがわかるようになる。

そして「あ、もうこれはいいな」と、手放すことができる。
ワクワクする波動を選ぶこともできる。そのワクワクする波動、選んだ波動で、物理次元なので結晶化を起こす、
それが現実。そんな生き方になっていく。

もちろん、ひとりひとりが自分に戻っていくこの地球で、
私たちがこの惑星で、どんな生き方を選んで、どんなふうにイリュージョンを体験してきたか、見えてくる。
全体像が見えてくる。

例えば、コンファレンスで話す時も、科学で証明されたり、物理学で言ってることを、知識のレベルじゃなくて、
自分が波動を上げて、高い意識に戻っていくことで、本当に見えて、体感しながら話すことができるようになる。
コミュニケーションっていうのは、私たちは、言葉でやっているとみんな錯覚しているけど、
本当は、自分が出している電波を影響しあっているのね。
なので、自分が目を覚まして、それが実際に物理学や科学が言っていることを、
本当だ！　ってわかって言ったら、そこで話す音は、それがものすごく確かに伝わっていく。

ベア　そうなったらとてもワクワクする！

AYAKO　ベアもね、本当のこと、真実を伝えたいって人でしょ。そういう人たちが、自分が高い意識に戻っていくことによって、概念のない、宇宙とウェーブがつながった意識で存在をして、本当の真実を話していったら、それはものすごい電波になっていくって感じてる。今まで情報とか、真実って、いっぱい語られてきていると思うのね。でも、これからは、もう実際にそれを体験していく時なの。

ベア　それが一番だと思う！

AYAKO　だから例えば、ほら、ベアがお医者さんをやっている時に、自分の中心、つまり自分とつながっている時っていうのは、すべてがわかったような感じになって、インスピレーションでこうしたらいいっていうのがとても当たっているのを体験したことが、何度もあると思う。お医者さんも、芸術家も、それをやってる時は、とてもつながってそれを表現している人が多いと思うのね。

『目を覚ます』というのは、インスピレーションをつなぐというよりは、インスピレーションを受けとっている次元に、自分が出てる状態なのね。もともとの宇宙意識で、すべての情報があるところに出ていく。

つまり、目をあけて夢を生きるというか、本当に目を覚まして、毎瞬この惑星に存在するようになる。自分が治療の時に、あ、こうすればいいなっていうのがあるでしょ。

同じように日常で、いつも毎瞬、どうすればいいかを知っている状態が、自分につながっている状態。

ベア　それは自分の中にあるものなのね。

AYAKO　使ってなかった宇宙意識、本当のあなたにつながっていった時に、この惑星で時々目を覚ますんじゃなくて、本当に目を覚まして、大きな意識で存在するようになる。さっき、ウェーブって言ったでしょ。それが知識ではなく、本当にウェーブなんだってことが体感できる。体感っていうか、もう、その存在の仕方をする。

そして、行きたいところに行くと、そこに一番いい配置に人や物が寄ってくる結晶化をするのを体験する。その時に「うわっ、すごい」じゃなくて、これが本当だなって、自分が本当にそれを創り出しているのが、わかる。それができるのがわかるようになってしまう。

ベア　言ってることはとてもよくわかる。そういう体験をすると私、「すごい！」って興奮してしまうけど。

AYAKO　本当に多くの意識の同意が起きたから、眠りから手を放して、もともとの無限の意識、ハーモニー、調和が起きている意識に、戻っていくことができる惑星になってしまっている。

ベア　ＡＹＡＫＯの話しているのを聞いていると、とてもとても嬉しい。

若い時から、物理学にすごく興味があって、これが本当だったら、医学も科学もまったくぶっとぶよねって、これって日常で体感し始めたら、今までの日常の見方が、まったくぶっとぶ話だよねって思うけど、……そこでどこかで、止まっている感じがする。

「体感する次元」って、長いあいだ、物理学の中でも、
どんなふうに表現すればいいかわからなかったけれども、ＡＹＡＫＯの言葉を聞いていると、
それとなんかすごく深く共振している感じがするし、とてもつながっている感じがする。

AYAKO　今、話を聞きながら、ちょうどそういう話をしようとしていたの。
ベアが言ってるとおり、ひとりひとりが自分に戻っていったら、波動が上がっていくので、病気というバイブレーションと、接点がだんだんなくなっていくの。

だから、もう対応できない病気、医療で治せない病気が出るのは、とてもいいサインなわけ。

ひとりひとりが自分に気がついて、もちろんその病気になる人って、対応できない病気になることで、目を覚ますきっかけを創ろうとしている。


病気に限らず「こんなことが起きてしまって、もう先が見えない」とか、現実が悲惨だっていうのも、その現実を起こすことで、自分に力を戻そう、真実に目を覚まそうっていう、きっかけを創っている人って、いっぱいいる。

本当にベアが感じているように、ひとりひとりが自分に戻っていくと、病気という波動自体が低い波動なので、上がっていくと接点がなくなって、本当にこの惑星で病気というものを使わなくていいようになっていく。


これまでの医療のアプローチは、病気になる人がいて、助ける人がいるみたいな角度があるのね。

「助けてください」「助けましょう」っていう……でも、医療に関わっている人は少なくとも、深いところで、やっぱりその人たちが健康に、ハッピーになるように医療に携わっている部分があると思うのね。

だから医療に携わる人も、本当に目を覚ましてきたら、
本当の音で、その人が目を覚ますきっかけを与えることができる。

これまで地球でやってきた、助ける人がいて、助けてもらう人という関係がなくなっていく。

今は、一時的じゃなくて、本当に高い波動に戻っていける時を迎えているので、ベアが自分につながっていくと、相手が完全だって、実際に見えてくるので、それが本当に見えたところで患者さんの前に立つと、相手も自分で、完全だって気づけるようになっていくのね。それはすごいサポートだと思う。

そして、一時的ではなくて、誰もが自分に向かっていくことができて、波動を上げていくことができるって知ったら、本当に誰もが、病気を創り出すことをやめていくでしょうね。

ベア　それは素晴らしいね！

AYAKO　そしてね、私はこう感じるの、例えばベアは医療をやっているでしょ。そして、本当にそうしたいと思っているじゃない。そしたら本当の音を出して、病気ではないっていうことに気がつかせていくことができる。例えば、恐怖というバイブレーションの結晶化が病気になったり、ものすごい不安、無価値感が病気を創ってるんだけど、それを手放すことをサポートしてあげられる。

ベア　それができたら、本当にすごい！

昔の中国の医学では、ぴったりした１００のエネルギーっていう表現があってね、それがあったら絶対に病気にならないって、昔から言われてるんですって。患者さんにそのことを伝えたいんだけど、その人がどうしたらそのエネルギーに触れられるかがとても大事よね。それとね、ＡＹＡＫＯに聞きたいことがあるんだけど、私、「恐怖」というものが、人間として、最も大きなバイブレーションじゃないかと思うのね。

病気を創るバイブレーションって、恐怖感なのかな?

どのようなバイブレーションで病気を今まで創り出してきたのかしら。

AYAKO　私たちがこの惑星で、完全な意識のままでは存在できなかったから、自分のその高い意識を分離して、波動を下げてきているでしょ。
分離から生み出したのは、無価値感とか罪悪感とか、さまざまなバイブレーション。

例えば、自分を本当に価値がない、存在感がないって、そういうふうに体験し始めると、ものすごく深く、下りていくことができて、実際、それはただの波動なんだけども、その表現として体に出たり、結晶化で、病気になったりします。

深いところね、深ーいところ。深いところで出てくる無価値感。

それは無価値感と思わずに、恐怖とか、心配とか、不安っていうふうに感じるかもしれないけど。

深いところでは、分離から生み出した無価値感や罪悪感から病気になる人が多いと思います。

ベア　「無価値感」は、病気を創り出す、ほんとにもとのもとの、スタートのものっていうことね。

AYAKO　で、もとのもとのスタートが、本当に無価値感にしても、罪悪感にしても……

自分が高い意識だっていう、それを思い出していくことが、自分に戻っていくことなのね。

つまり、高い意識では病気になれないわけ。

分離して波動を下げて、不安や、心配や疑いや、いろんなものを生み出しているわけ。

AYAKO　罪悪感とか無価値感、そういうバイブレーションが、
この惑星で波動を下げていくのに一番よかったみたい。
完全な自分だって忘れていくために、分離していったから。

この惑星の変革は、高い意識に戻る人たちが出てきて、
どんな話でも、概念のない次元で、本当の目の覚めた音を出す人たちが出るようになると、
実際、物理次元はウェーブで、選んだバイブレーションで自分の現実を結晶化しているってことが、
見えながら話す人たちが出てきたら、それはすごい影響になってくると思うよ。

さっきの物理次元のウェーブが見えて、本当に波動で、映像化しているんだってことが、
ほんとに見えるところで、真実を話していったら、この惑星で高い意識に戻ることができる、
そこに行けるんだってことが、みんなに伝わっていく。
知識で止まることなく、そこに出て行くことができるんだって。

ベア　無価値感とか、罪悪感を完結していくことで、
新しいクリエイティブなエネルギーが、そこから生まれる感じがする。
そのエネルギーって、いろんなものを創っていくエネルギー、とても美しいものを創っていく。

今までの人間の歴史がずっとあったでしょ、昔々から。
でも新しい歴史がスタートしようとしているんだなってすごく感じてて、
それは人間っていうよりも、天とつながっている存在っていうか、本当に意識がひらいている、

自分がどんな意識かわかっている人間の、新しい歴史がスタートしようとしているんじゃないのかな。

私の言葉でＡＹＡＫＯの今話してることを言ってると思うんだけれど、間違ってないかしら?

AYAKO　間違ってないわ。その通り！

本当に、今までは分離をして波動を下げていたけれど、
分離して生み出したものを手放すことで、自分の中がつながっていくでしょ。そうすると、波動は上がっていく。

自分の中がつながればつながるほど、ハーモニーのエネルギーになっていく。

そして、高い意識で存在するようになる。その高い意識で生み出すもの、発想が、今までとは全然違う。

ベア　それはまったく違う次元で起きるものなんだよね。

AYAKO　まったく違う次元だけど、ちゃんと地球に足をつけて。違う次元といえば、違う次元なんだけど、
でも今はね、この惑星ごと、変革を起こそうとしているから、だから、この惑星で高い意識になった人たちが、
そこで見えるもの、そこでの発想や見え方を表現するでしょ、実際にものすごく広がっていくエネルギーで。
それが、多くのこの惑星に同じように降り立って眠っている意識、その人たちが聞いた時に、
高い意識に戻るチャンスを起こすわけ。

今までのように一部の人が特別、ではなく……、高い意識の人、それはすごく特別ではなくて、
誰もが高い意識に戻っていくことができる情報を出していく時になってる。

誰もが本当に目を覚ましたければ、覚ましていける環境ができていくわけ。

今まで、リーダーみたいな人がいて、その人たちが誘導して、みたいな形があったと思うのね。

リーダーがひとりいると、受身を生み出すわけ。教える人がいると、受身の人。

その時代が終わって、誰もが本当に完全な意識で惑星にやってきて、眠ってきた私たち人間が、そろそろ目を覚ましたいって自分の中で決めた、同意をした人が、目を覚ましていける環境が、この惑星で起きていくわけ。

たくさんの人が、今、もう同意をしているわけだから、目を覚ます情報、どうやって、制限の次元を出ていけばいいかっていう情報を手に入れようとするし、手に入れたらそれを使って出ていくし、そういう人たちがどんどん出てきたら、惑星自体が創り出すものが変わっていくのは、もう自然なこと。


ハーモニーだし、調和だし、分離ではなく、本当にひとつに戻っていく。

ひとつにとけあうような発想とか、惑星が『地球』という名前が不自然なぐらい、調和に満ちてくる。

みんないろんなものが見えてきて、それは解かってるって知識で止まっていた人たちが、今度は、体験、実際にそれが見えるところに！

それは科学者もワクワクするんじゃないかな。だって、本当だった！ってわかるから。


ベア　科学者にとってもすごくワクワクすると思う。

みんな頭では、すべては意識だってそれは解かっているけど。

あとね、この惑星のエネルギー、石油とか、今まで使っていたエネルギーが、実際なくなってきているじゃない？

きっと違うエネルギーの形があるだろうって、みんな探し始めているけど、意識が変わっていくごとに、見えなかったエネルギーの使い方が、どんどん表に出ていくんじゃないかな。

AYAKO　その通り。私たちの目線がここで止まってね、制限や、これだけの中から探すのではなく、目線がこうずっと上がって、ワクから外に出ていくので、無限にあるものの見え方をするからね。無限にある情報から、本当に手をのばして取るように、あ、こうすればいいんだって。

今までの発想から、もう想像を超えたものに実際にアクセスするようになるし、ベアが言ったように、自分が変化すればするほど、見えるものが違うの。自分につながっていくと。あなたにつながっていくのは、本当にワクワクするよ。すべてが見えてくるよ。あー、そういうことだったんだ！　って。そしてそこで話すようになる。見えるところでね。ワクワクするでしょ。だってね、この惑星はもう「知ってる状態」から、もうそこに出て行く時がきてるのよね。

でなきゃもう、本当に頭打ちになってしまう。だから出口っていうかね、何かあるはずだ、何かあるはずだっていう思いは起きるんだけれど、じゃあ、そこにどうやったら出ていけるかっていう感じで。出て行ったらもう、まるでこの惑星は変わっていくよね。ベアも、自分につながって、このあなたの大きな意識のほうにどんどんつながってくると、この惑星での存在の仕方が、全然変わっちゃう。

ベア　まったく変わるのね。

AYAKO　まったく変わる。操縦席に座るし、本当にこの惑星に存在したくて存在しているのもわかるし。そして、本当に、外ではなくて、自分のこの意識を自由に使って、

行きたいところに行って、そして、結晶化をしていっていいんだなっていうのがわかってくる。ものすごく満ちてくるから。だって自分の中がつながってくるんだもん。

ベア　それがもう、はじまってるわ。アリガトウ。（日本語で）

AYAKO　どういたしまして。

通訳レイナ　素晴らしいね。やっぱりすごいその2人の共振があるでしょ、彼女も共振していくでしょ。やっぱり、この惑星で起きてってることがとても立体的になってくる。

AYAKO　私たちがこうやって偶然なく出会って、本当に目の覚めた振動を始めている、共振しているから、だからこれ自体、本当に招待状になっていくんだよね。目を覚ましたいと思っている意識たちに。（ベア、AYAKOハグ）

ベア　メルシー、ボクーボクーボクーボクー……　Merci beaucoup. Merci beaucoup beaucoup……
とても、とても、とても、とても、とても、ありがとう！

AYAKO　こうして、本当にこう同意をして、つながって、そして目的は同じだから、一緒に共振しあいながら、本当に姿を現していきましょう。だって、あなただって、真実を伝えたかったんだもんね。

ベア　（うなずく）（ベア、AYAKOハグ）

通訳レイナ　素晴らしいね。メルシーベア。

AYAKO　だから、あきらめないでくれたことにとても感謝する。物理学で。
ベア　Merci. Merci.　本当に美しい。本当に素晴らしい。
（ベア、ＡＹＡＫＯハグ）
AYAKO　ワクワクするね。
ベア　Oui.　私は、本当に次のステップに行き始めるんだなって感じがしている。
AYAKO　そう、そう、入口はね、その物理学で、でもその先に出る時なの。
ベア　本当にそう思う。

AYAKO　そして、本当に見えるところから、楽しいよ！　って言えばいいの。その音が出ていく時だよね、この惑星で。そこがある、そこに出て行けるってことが。みんな頭で、知識で、知っているっていうところで止まっていた人たちが、先に出ることができたら、もうその人たち、小躍りして喜ぶと思う。本当に興味があって、そこまできてるから。この惑星の多くの意識が同意したのよ。だから自由な意識に戻っていってオッケー。すごく豊かなのは、私たち体を持ったまま、高い意識に戻っていけるってこと。初めてよ、この惑星で。ほんの一部の人は、今まであったかもしれないけど、昔ね、高い文明で。本当にこの惑星ごと、多くの意識の同意で、この物理次元で目を覚ましていくのは、すごいことだと思う。
ベア　ほんとだね。

AYAKO　楽しい！　Happy！　いい時間だったね。（ベア、ＡＹＡＫＯハグ）本当につながってこうして同意した人たちとつながって、一緒にやるんだなって感じがする。
ベア　私も！

AYAKO　本当に現実になっていくのよ。この惑星ではそのほうがナチュラルになったって。ねー。

ベア　ＡＹＡＫＯとバイブレーションの話をしていると、実際にそれを体感しながら話せる。どこかで触れるぐらいにリアル感があるのが、すごく嬉しい。

AYAKO　私も嬉しい！　招待状を送りたいわけ。出たくても、どうやってそこに行けばいいかわからなかった人たちに、そこに出て行けますよっていう音を出していきたいの。

ベア　私は、次のステージへ行く準備は、本当にできているよ。今回地球に来たのは、違う意識に移行するために来た感じがする。

AYAKO　もちろん！　その通り。

ベア　私は本当にやりたいのは、本当にそれにかかわっていって、波に乗っていきたい。ちょっとサーフィンみたいよね。シューッって。

AYAKO　やっぱり同意すると、すごく加速度が増すからね。

ベア　時々、波打つような流れを感じて、ちょっと怖い時があるけど、ＡＹＡＫＯと話して安心した。

AYAKO　あー、安心して。同意が起きたら、すごくすごくかんたんに、シフトを起こす。自分への扉を開けていくものをわたすから、それを使った時の感動と、こんなにシンプルで、何でこんなにシフトが起きるんだろうって、感動すると思う。楽しかったねー。じゃあ、そろそろ、終わりにしましょう。（ここで映像の上映が終わり、セッションへと続きます。）

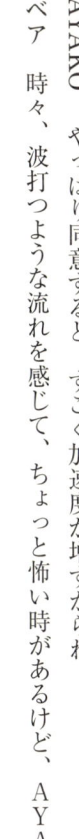

（映像の上映が終わり、明るくなったステージで）

こんにちは、ようこそです！　楽しんでいただけました？　フランス語（笑）
なんだか本当にワクワクする惑星になりましたよね。

きっと、ここにいらしていただいた皆さんは、この惑星が変わっていっていることを本当に感じて、
そして、その波に乗ろう、上がっていくウェーブに乗っていこうという、そういうところを感じて、
ここにいらっしゃったと思います。

私は、２２年くらい前に、バシャールと出会っていて、その当時はもう、目の覚める話っていうのは、
逆に聞く人のほうが少なくて、聞いたとしても、人には話さないでおこうみたいな、そんな感じだったのが、
今は真実、本当のことを話すのが、何とも言えずワクワクすることです。

そして、私が今感じているのは、
今、この地球という惑星は、目を覚ましていくこと、つまり深い眠りから目を覚まして、もとの完全な意識、
高い意識に戻っていく、目を覚ましていくほうが、すごくナチュラルなんだなって感じています。

そのことは特別ではなく、
自由になっていく、かろやかになっていく、
スムーズになっていく、ひとつに戻っていく、つながっていく、
ハーモニーを起こしていく、想像を超えたことをかんたんにやっていく、
それも誰もおかさなくて、自分をもおかさないで、すごくワクワクしながらね。

そんな生き方が、夢でもなんでもなく、そのほうがずっとナチュラルだって感じています。

私たちは本来、そういう高い意識だから。

どうやってこれだけ眠れたのか、ほんとうにそのほうがすごいことだと思います。

現実がとてもリアルで、
自分の創り出している現実が、自分では手に負えないように感じられるくらい、
外に強く意識を向けて、眠ってこられたのは、本当に逆にすごいことだと思います。

皆さんたちはきっと、いろんな気象の変化や、ニュースを見て、起きていることを見るだけでも、
この惑星は、今までの形あるものが崩壊していっているのを感じていらっしゃると思います。
そして、まだまだ続くでしょう。
逆にね、今までのやり方、こうであるはずだとか、法則を握っている方にとってみれば、
それはつかまり棒がなくなって、不安に感じる要因かもしれない。

でも、逆なんです。それを手放していくことで、
本当の自由な視界の広がったものの見え方が始まります。
変わっていく時には、本当に、ちょっと勇気がいったりするかもしれません。
でも今の惑星の環境は、そうですね、
つかまり棒を一生懸命つかんでいると、これが安全のように感じているのに、
手を離してみると落ちるどころか、ものすごい調和に満ちた磁場に立っているのに気がついてしまったりする、
それぐらいの環境だと思います。

もう、以前とは全然違う。
いろんなことが変わっていきます。
それも、とても、とても、かろやかな方向に。

シンプルが真実です。かんたんさが真実です。

なぜこんなに複雑さを体験したり、むずかしさを体験するかっていうと、
それはあなたが、本当の自分と、高い意識と離れて、
地球の生み出したいろんなバイブレーションを『体験』していたからです。
体験するために、私たちは自分の高い意識から離れていったんですけれどね。

気がつくと、本当のことが世界中でいろんな情報として出てきているなってすごく感じるんですけど、
今日見ていただいた、フランスの、お医者さんでもあり、物理学者でもある彼女と話してみて、
私、物理学って知らなかったんですけど、知ってます？　いや、物理学があるのは知ってますよ。（笑）

そうではなくて、物理学ってこんなところまで、証明をしてるってのを知らなかったんです。
量子物理学っていうらしいんですけど、すべてはエネルギーで、波動でできていて、
私たち人間も、椅子も机もガラスのコップもボトルも、すべてが波動でできていて、
こう、波打ってるわけですね、波動だから。
で、皆さんたちは私にフォーカスすると、私が形に見えるわけです。

ある物理学者が証明したのが、すべては波動だと。そして、
「意識をそこに向ければ、それが形となり、意識をそこからはずすと、それは波に戻る」と。
これは、深い話で、実際そうなんですよ。

どんなものでもいいんです、仕事の場であれ、友人との関係、家族、もうすべてです。

創り出している現実。
外(その現実)に、強く強く、意識を向ければ、すごいリアリティとなり、
外(現実)にフォーカスすればするほど、それを見て感じるものが、ものすごいリアルになります。

外(現実)に、強く強く、意識を向ける。
それは自分と、離れることになります。
そして、それを見て、感じるもの(フィーリング)が出てきます。

本当は、自分と離れたとこから出てくる、地球のバイブレーションなんですけど、
ものすごくリアルに感じたりします。
だから出来事を見て、このことがこういう気持ちにさせてるって、本当に思えます。
その人の言ったひとことでこんな感じを感じたって、ほんとに思えるでしょ?

ね、普通のことだと思ってたでしょ?
ところが、それは、とてもシンプルな仕組みになっていて、
本当は『現実は中立で、感じているのは自分の中だけ』だったんです。

現実にフォーカスすれば、出てきたもの（感情）に、すごいリアリティがあります。
でも、現実がただの中立な映像と見た時に、意識はこっち（自分）に戻ってきて、
出てきたその感情を、ただのバイブレーションだとして、扱うことができます。

映画館と思ってください。映画館で、映画を見に行きます。
外に、強く強く、映像に起きていることに意識を向ければ、一喜一憂できるでしょ？
映画だと、ドラマだとわかっていても、すっごいのめり込める時があるでしょ。
泣いたり、例えば誰かに弓を射られたら、痛みまで感じれるくらい。

でもそれが、ただの中立な映像で、感じているのは自分の中だけって、
外に使っていた意識をこっち（自分）に戻すと、痛みと感じていたような感情やバイブレーションを、
ただの中立なバイブレーションとして、扱うことができるようになります。
物理学で言われている、意識を強く向ければ、それは結晶化するというのは本当で、
現実がすごくリアルに見えるんです。

でも、そのそっち（外）に使っていた意識を、

こっち（自分）に向けると、

外はやわらかーい、ピントぼけのような感じになってきて、
フォーカスを外からこっち（自分）に向けるわけですから、宇宙意識のほうがリアルになります。

そして、今までだったら普通に感じていた感情を、
ただのバイブレーションというふうに見ることで、ただの形にしたりすることができます。
そして、その形を手放すということは、映画館の映写室で、使ってたフィルムをはずすようなもの、
そうすると映像は続かないでしょ。

つまりその、物理学でいうと、
フォーカスをすごく強くすると、すごくリアルにそれが固まったように見える。
でも、意識をはずすと波に戻る。

物理学はそこまで証明しているんですね。私はそれを聞いた時、すごいじゃないって言ったんですけど（笑）
そういう話を聞いて、そうなんだって、へえ、そういう仕組みになってるんだってわかっても、
実際、あなたの現実がほどけるわけではないですよね。
じゃあ、日常にどう使えばいいんだって、そうですよね、ベアからはそういう質問をされました。

だから、彼女に言ったのは、あなたが、それが本当のことなんだってわかるなら……
意識を向ければ形になる、意識をはずせば波に戻るっていう、
それをあなた自身が、実際に体験するところに出ていったらどうですか？
自分の創り出した現実が、自分の中を扱うだけで、粒子になって、何もなかったように変化してしまうのを、
体験していったらどうですかって。それはワクワクしますよね！

自分に、本当に力を戻して、
そして、創り出した現実に意識を使うのではなくて、創り出すのに使ったバイブレーションに意識を向けて、
それを感じるのではなく、それを形にして、統合してしまう。
ちょうど、映写室の映写機からフィルムをはずすようにね。

そんな体験をして、自分の波動が上がっていった時に、
今まで決して出ることがなかった制限の磁場から、出ていくことを体験します。

彼女は物理学に、すごく小さい時から興味があったんですって。
私は、彼女と話をしていて感じたのは、きっと彼女にとってみれば、物理学っていうのは、

小さい時に「こんなはずはない、もっと違う見方があるはずだ」って思っていたことが、
大人たちから法則を話されていても、どうしても納得できなかった自分が、
物理学は違う観点で見ていっているのに、すごく魅かれたんだと思うんですね。

私が彼女に言ったのは、やっぱり、物理学や科学という形で、そこまではオッケー、科学だったら聞こう、
物理学だったら聞こう、証明されたことだったら聞こうじゃないかって、受け入れられるという安心感があって、
彼女は小さい時は、本当は誰もがそうであるように、時々、垣間見る本当のことを、
本当は教わったことだけじゃないんじゃないかって気づくような、それを、どう表現していいかわからない、
そんなこと言ったら変なこと言ってると言われるような環境で、いつのまにか黙ってしまって、
そのうち日常で、普通の見方、普通の教わったとおりの、ものの見方を使っていって、

そんな時に、物理学は違う観点から見てる、
ああこれだったら、きっと私の見えることをわかってくれるっていうのがあったんじゃないかなって。
彼女に言ったのはね、あなたが、今まで、物理学だったら大丈夫って、安全地帯で表現してたものが、
もう、飽きてきているでしょって言ったんですけどね、それじゃあ、つまらないでしょって。

それよりも、あなたが本当に概念のない次元に出ていって、実際それが見えるくらい、
ほんっとに現実って、とけていくんだ、変わっていってしまうんだ、
自分の中が変化すると、ほんとに映し出していたものが、なかったようにウェーブに戻るんだって、
実体験を始めたら、ヨーロッパであろうと、どこの学会でも、
そこから話したら、それは伝わっていきますよっていう話をしたら、

彼女（ベア）自身、ほんとにそれが聞きたかったって、すごいワクワクして、
今までの証明で、物理学って、すごい最高のところをやっていると思っていたけれど、
証明は起きたけど、日常どうやって使うんだってところで止まっていたから、
それを実際に体感できる次元に、本当に出ていくことができたら、
それはもう、一番ワクワクするっていう話をしていました。

そして、本当に出ていける、そんな惑星になったんですねえ。
もちろん、ここに降り立った私たちが、それを望めばですよ。

私たちは、眠ることを選んで眠ってきていますから、
だから、目を覚ますことも、自分がそうしたいと思った時に選んでいきます。
いずれにせよ、今までも、私たち、選んだことを体験してますから。

私たち、本当にシンプルなんです。
シンプルなつくりなんです。物理次元も

私たちは、完全なエネルギー体で宇宙に存在していて、
そして、この地球という惑星に、遊びに来たくて、波動を下げていったことになります。

完全な、プリップリの波動だと、この三次元の、地球という惑星には、
降りて行こうとしても、波動が違いすぎると上がってしまいます。
波動が違いすぎると降りて行こうと思って、一瞬降りていったとしても、すうーっと上がっていってしまいます。
もともとの私たちの波動が高いから。完全なエネルギー体の時は、地球に降り立つことができなかったんです。

で、私たちは地球に降り立つ手段として、波動を下げることを学びました。

じゃ、どうやって波動を下げたらいいのか、まったくわからなかった時に、
先に行ってる、地球にやってきてる意識に、楽しそうにしている意識に、
じゃあ、どうやったら、そこに存在ができるのか聞いてみたら、
そうすると教えてくれたのが、この地球というのは分離の惑星、制限の惑星、その特質を使って、
あなたのその高いプリップリの完全な意識、エネルギー体を分離していくことで、波動を下げることができる。

完全なプリップリのかろやかな波動だと、地球に降り立てないのであれば、
そこに行ってみたいので、自分のプリップリの波動を、分離してみよう！
ということで、分離を始めます。

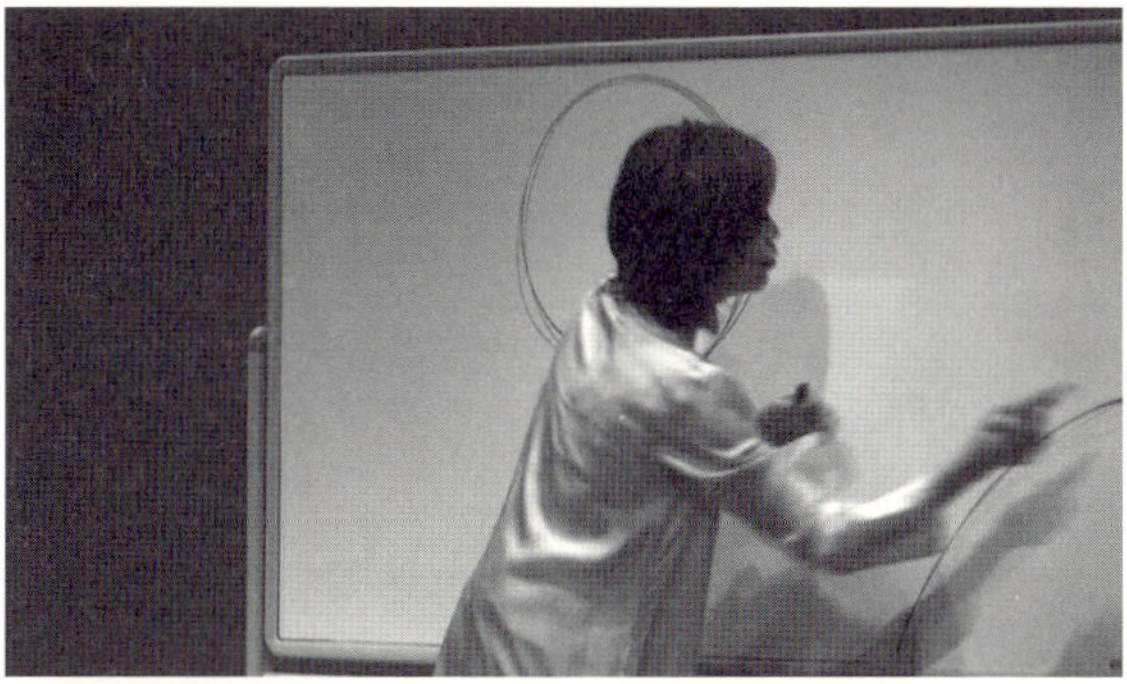

最初、分離をし始めて、ひとつぐらいではぜんぜん波動が下がらない、
ふたつでも下がらない、そのうちどんどんどんどん分離していって、
やっと、波動をうんと下げたことで、体を持って、この地球に降り立つことができました。

分離していく時、生み出したのが地球のバイブレーション。
例えば、「さみしさ」「悲しい」「孤独」「力のなさ」「できないやれない」「恐怖」「不安」いっぱいありますよね、いわゆる地球ではネガティブと呼ばれている、ちょっと居心地悪く感じるバイブレーション。

地球で、皆さんたちがおぎゃって生まれて、
小さい時から、たくさんのバイブレーションを体験してると思うんですよ。

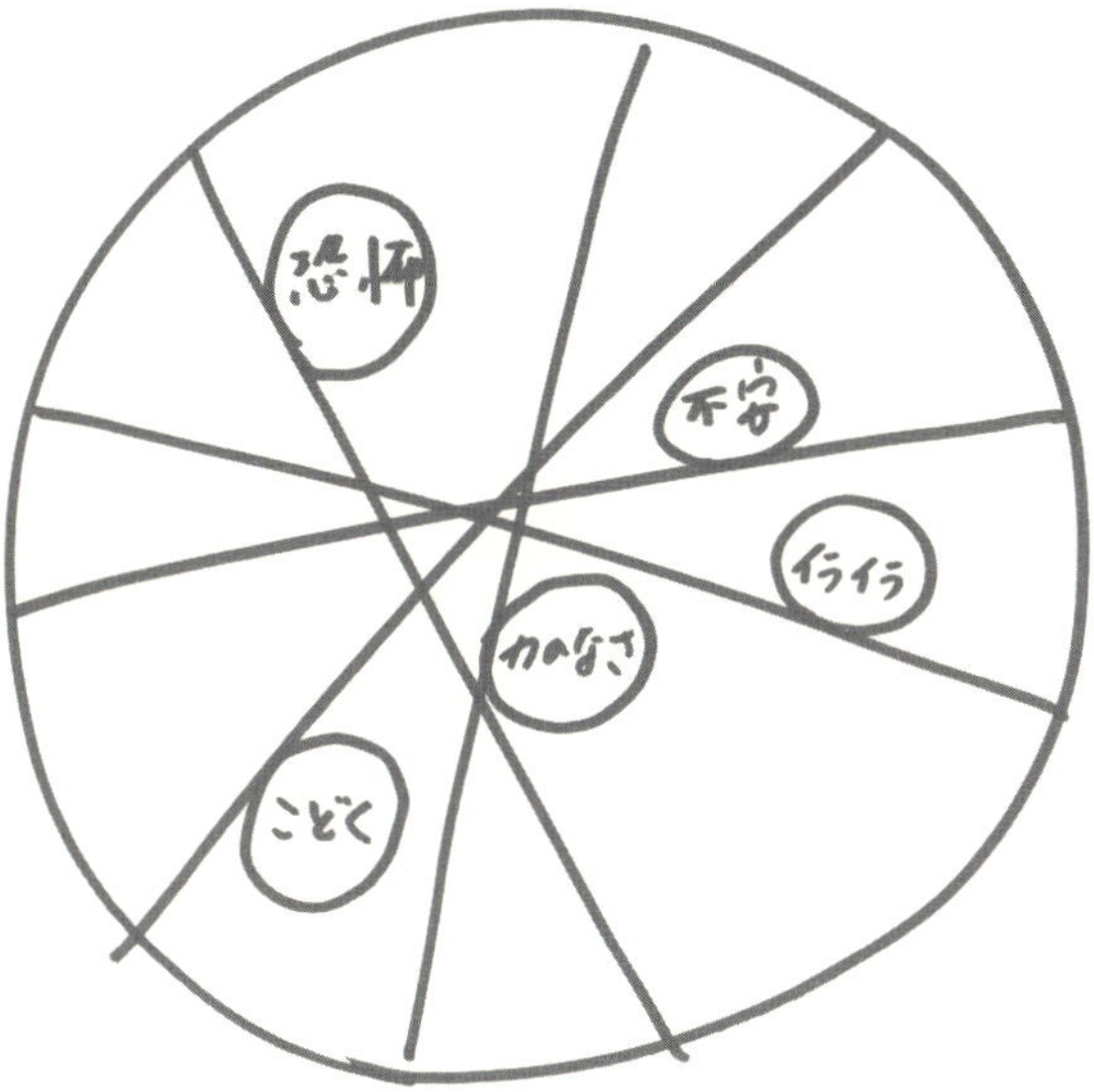

皆さんたちはきっと、この出来事によって私はこんなふうな、こんな目にあったとか、
この事柄によって、こんなふうなことを感じているという体験の仕方だったんだと思うんですけど、
かえりみても、たくさんのバイブレーションを体験していますよね。

本当に自分と離れていくと、どうしようもないとか、本当に疲れるとか……、
自分とつながっている時は疲れがないんです。本当に。
自分と離れると、疲れが、「自分と違うことをやっていますよ」というサインで出てきたりします。

この、私たちが地球に降り立つのに分離した時に生み出したものが、
この分離から生み出したバイブレーションが地球のバイブレーションで、
今言った、不安とか、恐怖とか、えーと、なんでしたっけ、孤独とか、さみしさとか、
あと、人との分離感を感じたりします。これは自分との分離感しか起きてないので、本当は自分との分離感です。

それから、怒りなんかも、本当はこういったものを感じるのが嫌で、怒りでわぁっと出しちゃったりします。
出てきた時に、そのカバーみたいなエネルギーですね、怒りとか、なんでしたっけ？（会場　笑）

参加者　「悲しい」
AYAKO　ほかには？　どんどん言っちゃってみましょう、地球で使っていたバイブレーション。
参加者　「残念感」
AYAKO　残念感、残念ね。（ホワイトボードに書く）
参加者　「痛み」

AYAKO　痛みね。
参加者　「虚無感」
AYAKO　虚無感、むずかしい言葉知っているのねー、あの虚無感って、どう書くのかわからないんですけど、

参加者　ひらがなでいいです。
AYAKO　あ、いいですか？（笑）

ひらがなで書くとね、臨場感ないですよね。（笑）あのね、「挫折感」ってあるじゃないですか、漢字で書くと結構なんかね、リアリティ少しあるじゃないですか、挫折感てね、ひらがなで書くとね、《ざぜつかん》ちょっとなんか感じにくいですよね。

でも、いずれにしても皆さんたち、こういうバイブレーションが皆さんの中がつながってくると、波動が上がってくると、本当にこのくらいにしか見えなくなっちゃいます。ほんとです。

恐怖っていうのも……、不安とかね、未来への不安とか、そういうのは感じられなくなる。逆に未来がものすごいワクワクしたものになる。なぜなら実際、未来はワクワクしたものだから。どうとでもなるんですもん、どうとでも、あなたができるんです。

それはあなたと離れていれば、出てくるものに邪魔されて感じれないでしょう。

「不安」だったりとか、「さみしさ」だったりとか、力のなさだったりとか、そんなものを挟んで感じられないでしょう。

でも、そういったバイブレーションを手放して、あなたの中が、つながっていけば、本当に未来は、この今という惑星は、自分の人生は自分が変革していけるんだってわかります。

それも、とてつもなく、よくなってしまうのが、感じられるようになってしまいますよ。

こういった本当に情報を、今、地球では、聞く耳を持つ人たちが、ほんっとに圧倒的に増えました。
もういいんだなって、もう目を覚ましてもいいんだなって、私は感じました。

多くの意識が充分分離をやりきって、もう戻ろう、分離から生み出したものを味わいきって結晶化もしきったし、
楽しみきったから、そろそろもとの平和、統合、ひとつに戻っていこう、高い意識に戻っていこう、
そして自由な意識で、この物理次元に存在して、なりたい自分になって、起こしたいものを結晶化していこう、

そういった意識が、この惑星に圧倒的に多く出て、
1999年を超えた頃から、ものすごく多くの意識が同意をしたので、
この惑星自体が音をたてて、三次元から四次元に、ゆっくりですけど上がり出しています。

あと、上昇気流ね、惑星の、惑星の表面で起きている上昇気流、上がっていくんです。
眠る時は螺旋状に降りていくんですけれど、波動を上げて行く時はまた、螺旋で上がっていきます。
そういった渦、螺旋のエネルギーが本当に起きています。

だから雲を見てもわかるように、昔は、以前は、パワースポットとか、磁場が高いとされている
マチュピチュとかセドナとか、エネルギーの高いとされていたところの上にしか出なかったような、
エネルギーに満ちた雲が、今、いろんなところで普通に見えます。

おもしろいですよ、法則どおりに出なくなりましたから、
秋は秋雲なんてなくて、圧倒的にリアルなエネルギーに満ちたものが、

エネルギー、地球で起きているエネルギーを雲で表してますから、すっごい変わってしまいました。
ほんっとに変わってしまいました。すごくね。（笑）
ほんっとに変わってしまいました。

だから、皆さんたちがすごくリアルに体験してきたであろうたくさんのバイブレーション。
これがね、皆さんたちが波動が高い時には、例えばこの中のひとつ、
えーっと、ちょっと絶望感って、書いてみていいですか、これをひらがなで書かせてくださいね。
もう、漢字を忘れてしまうということもあるんですけど、これは本当は漢字を覚えてますけど、
ちょっと絶望感ってさ、すごいことだよね、ほんとはね、絶望感だよ、望みがないんでしょう。（笑）　まったく。
望みが断たれたわけでしょう。お先まっ暗ってことでしょう。（笑）　ねえ！

この絶望感ですらね、皆さんたちが高い意識だと、ただのバイブレーションにしか見えないんですよね。

それこそ、ドレミファソラシドの「ド」が絶望感としましょうね、
「レ」がワクワク感、その違いぐらいにしか見えなかったりするわけ。
それじゃ、楽しめないでしょ、絶望感。絶望感は絶望しなきゃねえ！。そのために私たちは波動を下げたわけ。

分離をしていく時、まだまだ高い意識の時には、生み出した、えーっと「さみしさ」、分離感からですよね、
「孤独感」や「さみしさ」って生まれるのはねえ、自分との分離感なんですけど、そのさみしさ、
それがさ、高い意識だと、「さみしさ」って、エクスタシーみたいに見えちゃうわけですよ、

うわっ、今まで体験したことのないバイブレーションだ、みたいな。

ましてやもっと波動を下げたりすると、胸がキュンなんてしちゃったら、もうすごいことじゃないですか。

すごい、これってエクスタシーだ！　みたいな……、
それでは、地球でいう、本当の「さみしさ」という体験はできないわけです。

「さみしさ」はさみしくならないとねえ！

なので、私たちはもっともっと波動を下げることで、体感がリアルに、リアルにリアルに、
絶望感も、「ぜつぼうかん」じゃなくて、「ぜつぼう感」じゃなくて、「絶望感ね」じゃなくて、
もう、ほんとに「絶望感！」となるくらいのリアルさを求めて、体感をしたくて、波動を下げていった。
せっかく地球に降り立ったんだから、体験をしたくて……、

こうやって見てると、なんだかみんなすっごいドラマティックにやってるし、
え、あれはどうすればいいのって、それには波動を下げなきゃ、そこまでは体験できないよって、
あっそうなんだ、じゃ、分離を使って、もっと波動を下げようって、

そのうち、自分が完全だったことを、完全に忘れて、
これはただのバイブレーションなんだ、地球のバイブレーションなんだってことも完全に忘れて、
それを記憶喪失になるくらい波動を下げて、それすらも忘れて、
記憶喪失になって、それも忘れて、ビクともしなくなってきたわけですよね。（笑）
で、すっごいリアル感が現実にあるんだよね。
本当に、私たちは目的があったんですよ。

力のなさ
いかり
かなしい
残念
いたみ
きょむ感
ざせつ感
ぜつぼう感
不安
恐怖
こどく
さみしさ
分離感

かなしい
残念
いたみ
きょむ感
ざせつ感
ぜつぼう感

高い意識のままだったら、地球で生み出している、
さみしさや分離感や、せつなさや、孤独や、痛みや、虚無感、挫折感、退屈、
さまざまなバイブレーションを、ただのバイブレーションとしか見れません。

本当に、体感している意識たちがいる、自分もせっかくこの惑星に来たんだったら、それを体感して、
圧倒的に外をリアルにして、ほんとは映像なのに、そこからモンスターが出てくるがごとくリアルに体験できる。

そのために、私たちは波動を下げてきたんです、分離してね。
そのうち、本当に外がリアルになって、そしてまた、起きてることを語ることでもっと増幅しますからね、
「こんなことが起きてね」「この人にこう言われてね」「こうでね、ああでね」話しているとだんだん、
すっごくリアル感が出ませんか？　そうですよね、それはすごくいいやり方だったんです。体験するにはね。

もともと私たちは、高い意識ですから、気を抜くと上がってしまうような高い意識の時には、
外に意識を向けて、映像で映し出した現実のほうを、すごいリアルに話すことで、
そこにグランディングできて、もっとすごいリアル感を体験できる。

そして、みんなでそれを共振しあうことで、例えば不安を言われたら、「私も不安なのよ」
不安、不安、不安、不安、不安っていうふうにして、それで、ここの時空間がしっかりしていくわけです。
そして、実際にもうほんとに、不安からのものの見方が出来るわけなんです。成功したわけです。

私たちは同意をして眠ってきました。

そして、今、多くの存在が目を覚ますことを同意したので、この惑星ごと動き出し、同意をして目を覚ましていきます。これは地球では初めてのことです。今までは起きませんでした。

一部の人がやろうとしましたが、多くの人が眠ることを選んでいたので、アトランティスにしても、エジプトにしても、マチュピチュにしても、失敗したのではなくて、多くの意識がまだ眠るほうを選んでいたから、高い文明はそのまま沈んだとか言われるんですね。あれは失敗ではなかったんです。

さて、私たちは、今言ったように、降りていく時に、波動を下げる手段として分離をしてきました。自分のエネルギー体、完全な意識を分離してきたわけですね。こんなふうに分離していって、そして、たくさんのもの（分離のバイブレーション）を生み出したんですね。

外に意識を強く強く向けているあいだは、とてもリアリティが外にありますし、また、出てきたものがすごくリアルに体感できているので、なかなかはずれなかったりします。今、同意をした意識たち、つまり、目を覚ましてもオッケーっていうところに同意をした、深いところでですよ、深いところで同意をした意識は、本当にそこに出ていけるものに出会った時、すごいワクワクします。

なぜなら、意識ではとらえてなくても、深いところでは、もう充分やりきって、充分、制限も、分離から生み出したいろんなイリュージョンも、すっごいリアルに体験できた。もう、分離するところがないくらい分離をして、体験をしたから、もう充分だな、そろそろ高い意識に戻ろうと、同意した意識にとってみれば、戻っていく情報というものは、ものすごいワクワクするものです。

これが地球ですね。（ホワイトボードに絵を描きながら）

そして、この惑星は三次元で、分離の惑星で、制限の惑星です。
だからこの、私たちが体験していた制限というのも、
この地球の持っている特質っていうんですか、そういうものをとてもとても体験してきました。

地球を、大気圏のように覆っている磁場があります。
私たちが、この地球に降り立って、分離から生み出したものを、
こういうたくさんのバイブレーションを、共振させて磁場を生み出してます。

だから、法則とかルールとか制限とか、いろんな地球のバイブレーション、
それを共振しあって、あたかもこの地球は、ものすごく生きにくくて、
本当に絶望感を感じれるような、それも可能だし、力のなさも感じられるし、
自分の思い通りにならない、世の中はそんなに甘くない、
本当に、本当に、制限が体験できたわけです。
ましてや、それを語り合って、共振しあって、圧倒的なリアル感がこっちにあったわけです。

この惑星は、私たちの意識で創っていますので、選んだほうを体験しています。

今、多くの意識が、もとの高い意識に戻ろうと、
目を覚ましていこうと同意したので、この制限の磁場から出ていく人が生まれます。
この磁場から、自分の波動を上げて、概念のない宇宙と同じ、なんの法則もない、概念のない次元に、
もともとの自分の次元に、高い意識につながっていく人たちが出てきます、これからね。

ベアも、本当にここに出ていく、どうやったらいいかというのかを受け取りにきます。
彼女も、もう、これ以上は証明の段階ではいけないのを知っているので、
自分が実際に出ていって、体験することで、ここから本当のことを話せる。

ここに出てきた人たちは、さっき話していたように、ここで概念のない音で表現をしますから、
本当に法則のない振動数で共振が起きて、その共振が惑星を覆っていきます。

ここ(制限の磁場)で話すのは、当然、概念の含んだ音で話しますから、
まるで、本当に、ここから先に出ていけないように感じられます。

ところが、ここ(概念のない次元)に出た人は、誰もがここに出てきてしまえば、
体を持っているのに、自由な意識に戻って、この惑星で存在することができるというのがわかってしまいます。
以前はできなかったですよ、なぜなら、多くの意識が同意をしていなかったから。
まだ、眠ることを選んでいる意識が、存在が、圧倒的でしたから、
当然、この惑星は上がっていくのではなく、ここで共振して体験していくというのが圧倒的な環境でした。

でも今は、多くの意識の同意が起きているので、上がっていく、もとに戻っていく、
高い意識に戻っていくという環境に、エネルギーが変わってきています。
そして、その環境を使うことができます、意識的にね。
目を覚ましたい意識にとってみれば、戻っていく環境はとても大事です。

波動を下げるのに自分の中を分離をしたわけですから、戻っていく時は統合していくことになります。


そして今までは、こんなの感じたくないと思っていた、

「残念」だったりとか、「不安」だったりとか、「自分の小ささ」だったり、それが鍵になるんです。

出てきたら嫌だなと思っていたような感情のほうが、本当は戻っていく鍵になります。

なぜなら、これらの感情は、分離から生み出していますからね、
それを統合すると、あなたのつけた分離の線が一本統合されて、あなたにつながっていくんです。

またこれまで普通に感じていた、日常起きていたことと、くっつけていたような感情も、
それがただのバイブレーションだと気づいて、統合していくと、
それを生み出した分離の線が消えて、あなたにつながっていきます。

あなたの波動を下げるために、あなたの完全な意識を分離していったわけですから。
分離から生み出した地球のバイブレーションを統合すれば、
当然、あなたのつけた一本の分離の線は消えて、波動が上がっていきます。

だから、今までは普通に感じていた、ましてや、それが出てくると感じないようにしていたかもしれない、
そのバイブレーションが、戻っていく鍵になります。真逆ですよね。

だから、どれも本当は地球のバイブレーションだったっていうことに、気づくのが一番大事なんですよね。

今までと同じように感じていたら、それは扱うことはできません。

感じるのではなくて、形にして、手放していくことができます。

あなたの中を統合し、もとの高い意識、あなたの中をひとつにつないで、高い意識に戻っていきます。

あなたの中の分離がなくなるっていうことは、ひとつに戻っていくから、ハーモニー、調和が生まれます。

存在しているだけで、ものすごいエクスタシーです。

そして、そのうちどんどん上がってくると、まったく違う次元でこの惑星に存在するから、
まるで同じ惑星にいるとは思えない体験をします。体験がまるで変わっちゃうんです。

波動が上がってくると、例えば、恐怖を言われても、まるで接点がなくなってしまうんですね。
恐怖を言われても、その振動数がなくなって波動が上がっているので、
それを感じる次元にいないのがわかるんですね。

自分が降り立っていると、恐怖を言われると、恐怖がみんなで共振しあえるでしょう。

誰かが不安を口にすると、もう、そんなこと言わないでよって、怒りが出るくらい。

「聞きたくない！」みたいな。自分が共振しちゃうから。

でも、それは自分の中が分離して、生み出したもので共振しあってるだけなので、
それを使うのではなくて、手放し出すと、あなたの中がつながると、どんどんどんどん波動が上がってきます。

そして次の地球に移行したように、同じ地球とは思えないような見え方になるんですよね、これが。
これがまたすごいの。楽しくて。だって私たち、まだ体を持っているんですよ。
なのに、こんなに惑星を移行していくわけです、次の惑星、次の惑星。つまり次元が上がっていくのでね、
次元を上がっていくというのは、もとの高い意識に、皆さんたちが上がっていくからですよ。

だから、目線が変わるわけです。

だんだんだん上がってくると、
本当に現実には何の力もなくて、力は全部自分の中にあって、
そして、外をいじるんじゃなくて、自分の中を変えるだけで、
現実は、波打って変わっていくのを体験し始めるわけです。

今まではこの時空間の中にしっかり波動を下げていて、概念を共振させていたから、ぜんぜん感じなかったのが、
あなたの中が統合されて、ほどけて上がってくると、
この無限の可能性、宇宙と同じだけ情報があるのがわかってくるわけです。

波動が上がってくるとね、今まですごいリアルだった体験が、だんだん波動が上がってくると、
不安というバイブレーションと言われても、もう頭ひとつ出てくると、
未来がワクワクしたものだって、感じ始めちゃいますので、
もう、そっち(制限)に共振しないで、こっち(概念の外)に進むようになります。

そうすると同じ地球にいて、足はちゃんとついてるんですけど、まるで背が伸びたように時空間が変わってきて、次の惑星に、だから同じ惑星と思えないように見えちゃうんですよ。すべてがよくなるのがわかってしまうわけ。

それは、ここの中(概念の中)にいればわかんないです、全然。
でも出ていくと、意識が上がっていくと、これからどれだけ流れがひとつになっていって、調和がとれていって、これからすっごく豊かな惑星になっていくっていうのが、もうわかっちゃうんですね。

今、ここにいらした皆さんたちが、
本当にもう、充分、制限も、それから分離から生み出した、たくさんのバイブレーションを味わいきったなって、そして、この体を持っているあいだにもとの高い意識に戻ろう、自由な意識に戻ってこの惑星を楽しんで帰ろう、そこに来てるなと思っている方たちにとってみれば、すごい情報だと思うし、実際使っていくことができます。

私たちはそれぞれ自由なんです。だから、制限を味わうのも自由、戻って高い意識に戻るのも自由なんです。

高い意識に戻る人たちは出てきます。
でも、やっぱり、複雑さや地球にしかない制限を、味わいたいって言う人もいるでしょう。
そして、それを選ぶこともできますよね。

だから、同じ惑星にいて、まったく体験が変わってくるんです。それはすごい変わってきます。
楽しくて、楽しくて、楽しくて、楽しくて、楽しくてしょうがなくなります。
そしてね、今に生きるようになります。意識がどんどん自分に戻ってくるから。

起きてもない未来に行って不安がったり、過去に戻って後悔したり、そんな生き方がなくなります。
私たちは、外に意識を向けて眠ってきてるから、目を覚ましていく時には、外に使った意識を、自分に戻していくことになる。そうすると、本当に、今にいるようになる。

今にいるようになるってね、今にすべての扉があるのがわかるんですよ。選んだほうに行けるのもわかる。でね、複雑さはないんです、本当はね。

そして、今、本当の自分で存在すると、
すべてが一番いい配置に人や物が寄ってきて、つながっていくのまで見えてきます。それがね、特別じゃないの。

誰もが高い意識に戻ったら、どんどん分散した意識を、全部自分のほうに戻して、ひとつに戻してくるから、ほんとに今にいて、今、自分がワクワクすることを選択する。今、自分がこうしたいということを選ぶ。そして本当にこの次元に存在したら、ここの意識でこうしたいなって思うことは、実際に起きていくっていう圧倒的なリアル感を体験します。

ここ(概念の中)にいると、こうしたいなって思うことが、
そうはいかないだろう、それは無理だろう、いろんなバイブレーションが出てくるでしょ。
ここ(概念の外)に出ると、そういうバイブレーションも、手放して統合していってますので、視界がパーンとひらけて、遠くまで見渡せて、自分がそうしたいということがなっていくのが、ものすごいナチュラルなことに感じるんです。特別ではなくて。「すごいこと」ではないんです。

それはね、私ね、すごくね、自分で変化してきてね、
２００９年くらいから、そろそろこのメソッドを本当の意味で、受け取る人たちが出てくるなって思いだして、
フランスで、ベアの他にもいろんな人と対談をやってきたんです。
実業家の人とか、作家の人とか、いろんな人と対談してきました。

その時体験したのは、あ、これは、この惑星で、
実際もう、ここ（概念の外）に出てきてもオッケーな人が生まれてるなっていうのがありありとしたんです。

私は、アンフィニというメソッドを２０００年に生み出しているんですね。
それは、ここ（概念の外）に出ていくメソッドなんですね。

でも2000年にメソッドを公開した時には、まだまだみんなここ(制限の磁場)で眠っているのが忙しくて、統合すらも、ここ(概念のない次元)に出ていくのではなく、現実を変えるために統合を使ったりとか……、なので、ここらへん(制限の次元の上のほう)までは来ても、ここに出て行く人がいなかったんですね。

私は2008年まで、その姿を見ていて、みんな現実は変わっていくんですよ、よくなったりとかするんですね。でも現実は変わるのは当たり前で、そうではなくて、アンフィニは本当に目を覚ましたいと思った時に使うもの、自分の次元、もとの高い意識に戻っていくために使うものだったので……、そういう使い方をする人が出てこなかったので、ちょっと、フランスに行ったんですね。

直接会って話してみたい人たちがいたんです。
友人に、ずっと前から、フランスにアンフィニにとても興味ある人がいるって聞いてたんだけれど、彼らと話してみたいなって思って、直接会いに行って、いろんな時間をとって、いろんな対談をして、お医者さんや、物理学者の人や、ジャーナリストが来たり、
すごい大病をした人が来たり、実業家だったり、本を書いてる人だったり、いろんな。

でも、よかったのは、「これ、出るな」と思ったんですね、オッケーなんだなって。
当然私は、ここに出ていくものが生まれているし、出て行けますよっていう話から始めたしね。
もちろん、その人がワクワクしなきゃ、そうしないじゃないですか。

でも、知識で止まっていた人たちが……もうね、フランス人の人たちっていうのは、あとで聞いたんですけども、夜を徹して討論会、哲学を話し切って、答えが出ないままで終わるというのは四六時中起きてるんですすって。

そのフランスで、いろんな分野の人たちを集めて、3時間くらいのワークショップをやった時があるんですね。
そしたら、そこに参加した人たちが、止まっていたところから出始めたんです。
知識で止まってたところから、自分が正しい……みたいなところから、
本当に、概念の外に、出始めることが起きたんですね。

一番感動したのは本人ですね。今までそこがすべてだったのに、出始めて初めて、そこじゃなかったんだ……、
今まで目が覚めていると思っていたけど、そこ(概念の中)にいたんだっていうのがわかるから、
その感動はすごくて、それぞれが体験する感動でしたよね。
私は、一番よかったのは、目を覚ましてオッケーの人が、
やっぱり、ここ(概念の外)に出る人がいるんだって、確信したこと。

で、9月に、もう一度フランスに行って、またそういう対談をしてきたんですけど、
その頃から私のまわりでね、完全に、ここ(概念の外)に出ようとする意識になる人たちが生まれ出したんですよ。
そして、あー、やっぱりここに向かってたんだなっていうのもわかって、
この惑星の変革も大事だったし、多くの意識の共振も大事だったし、
そしてその中で、もう出ていってもオッケーなんだなって……。気づいた人たちがこっちに出ていくって。

私は22年前から、ずっと目を覚ますことを伝えてきて、アンフィニは2000年に生み出してますけど、
生み出した当初は、ここまで目を覚ましたい人がいるんだろうかって、正直そう思いました。

なんだかんだ言って、まだやっぱりドラマを楽しんだりとか、嫌だ嫌だとか言いながらも、

そうは言っても「悲しい」って、結構なんか胸キュンだし、やさしくされると嬉しいし……、いったい、こんなに目を覚ます気がある人がいるだろうかっていうのがあったんですけど、私の中では、この生み出したアンフィニもそうですし、そういうふうに、概念のない自分の次元に出ていく、それもかんたんにね、たくさんの時間をかけたり、ぶつかったりするんじゃなく、シンプルにドアをあけて、上がっていくようなメソッドはないかと思って、それで生み出していますから、

使う人が出てきた時は、私にとってはそれが望みだったし、すごいワクワクすると思ってたんですけど、その人たちが出てきた時に、私が感じたのは、あ、そりゃそうだろうなみたいな感じだったんですよ、すごく。ああ、よかったじゃなくて、そりゃ今の惑星だったら、もう、目を覚ましていくのは当たり前というか、自然のことだなって感じれてる自分がいて、ちょっと驚きましたね。

でも、それぐらい今の惑星は、高い意識に戻っていくには環境が整っていて、そして、上昇気流が起きていて、それを望めばですよ、

なぜなら、今までだって、完全な意識で眠ることを選んだわけですから、目を覚まさなきゃいけないわけではなく、高い意識に戻らなきゃいけないわけではなく、その意識が、自分が高い意識に戻ることがワクワクするから、選ぶだけですよね。

なんか、本当にそういった見え方がして、私たちって、完全な意識で降り立ったし、完全な意識で眠ることを選んで、分離して波動を下げてきたし、すごい体験を地球でやれたし。もう、すっごいリアルにいろんなものを体験できたでしょ。

例えば、現実で映像化しているのが映画と思えないで、起きたことに対して一喜一憂できたでしょ。
それもすごくできたでしょ、すごくリアルに。
それがこの惑星の味わい方だったんですよね。

それが、多くの意識が戻ることに同意したので、惑星ごと次元が上がり出しています。
なので今は、波動を上げていくこと……、もとの高い意識ですよ、
もともとの自分につながっていくことのほうが、環境が整っています。

大きな意識なんです、私たち。

私たち、使ってた意識っていうのは、宇宙と同じ意識で、
例えば、私のこの体の大きさが、私の宇宙意識と仮定するでしょ。
そうすると、私は小指の先のほんのわずかなところに体を着て、ここだけの意識を使ってたわけです。

制限を学んだ、分離から生み出したいろんなバイブレーションを学んだ意識。

今私たちが目を覚ましていくということは、使ってなかった……、また使ってはこの惑星にいれなかったからね、
使ってなかった高い意識、概念のない、宇宙と同じ、どうとでもなれることを知っている、
そのもともとの意識につながっていくこと。
この意識ですよね、この使ってなかった意識、
あなたの、もともとの大きな宇宙意識につながっていくこと、それが目を覚ましていくということになります。

あなたの大きな意識につながっていけば、制限がないこともわかります。

制限を使わなくていいこともわかります。


彼女(ベア)が言ってましたよね、そんなのがわかったら、医療とかいろんなものが崩壊してしまうって。

でも、崩壊してもいいんじゃないですか。

なぐさめる人がいる、だから悲しむ人を生み出す。二極で、地球はやってますよね。

そして、なぐさめることを、すごく美徳に感じています。


目を覚ましていくと、目を覚ましていくと、違うことが体験できるんです。

例えば、私があるお医者さんに言ったことは、ベアじゃなくて別のお医者さんですけれども、そのお医者さんは、すごく有名な方で、ヨーロッパ中から絶えず、患者さんが訪ねてくるような人だったんですけど、その人が私に質問したのが、アフリカの子どもたちはどうなるんだって、質問だったんですね。


じゃあ、こんなふうに仮定してみてくださいと言ったんですね。

本当にもう、ガリガリに痩せている……なんて言うんでしたっけ？　あ、飢餓ですね。

本当にガリガリに痩せて「助けて！」って、ちっちゃな男の子が走ってきて、抱きついたとする。

そしたら、あなたはどうしますか？　「助けてあげなきゃ」って思いますよねって、そうだよね。

でも、そのやり方もあるけれど、あなたが自分につながっていくと、
自分が、完全な意識で地球に降り立ったことを、思い出してきちゃうんですね。

そして、自分が波動が上がると、相手が同じように、完全な意識で降り立っていて、
今はそれを選んでいるけれど、選び変えることができることが見えちゃうんです。

そこから、あなたが話すのと、どちらがサポートになると思いますか？　って聞いたんです。
彼はずーっと持っていた疑問が、本当にとけていったみたいですね。

私たちが眠っているところで生み出すものというのは、「どうにかしなきゃいけない」「助けなきゃいけない」
助ける人を生み出す、これがずっと長い歴史起きてるんです。

でも誰かが、本当はもとは完全なんだって、思い出していくと……、
目を覚ます人はね、人も完全だって見えてきます、
自分が完全だって気づいてくるだけじゃなくて、相手が対等だって、
本当の対等です、本当に完全な意識だって見えてきます、

そこで、相手を変えるためではなくてね、本当に見えるところで、
そういうふうな選び方ができることも、話してあげることができます。
その音っていうのは、なつかしさがあるんです。

なぜなら、私たちはもともと眠っただけなので、高い意識なんです、もともと。
だから本当の音を聞くと、自分の中にずっと使っていなかった高い意識が、動き出すきっかけになります。
それが目を覚ましていく招待状になるんですね。

いろんなことが変わってしまうでしょう。
いろんなことが変わってしまうけれど、
……でも、変わるところに来てるんじゃないですか。

本当に、ひとりひとりが自分に戻っていくと、
私たちがこの惑星で創ってきた、山積みされた問題は、とけていきます。

でも、眠っている時には、自分が外(現実)を何とか変えて、結果を出すほうが力を感じます、わかります？
眠ってると、ベースが、本当に「力のなさ」に触れてますから、そのほうが生きてる感じがするんです。
労力を使ったほうが、生きてる感じがするんです。あと力を感じたりします。
でもそれをやっているあいだは、誰もがストレスを感じる社会を創ってきましたよね。

でもそういう生き方から、いち抜けた人たちが出てくると、
この概念のワクの外に出て、誰もが自由になっていくと、ここには、勝ち負けはもちろんないです。

なぜなら、誰もがここでは自分のなりたい自分になれるし、
この物理次元でも、自分が起こしたいことを起こしていけるのがわかるから。
それが誰をもおかさないし、誰もがそれができるのがわかるから。
ここだと、自分が特別だったり、または特別でなかったりするんですけど、それはないですね。

そういうところに出ていけるのが、体を持ってですよ、それは初めてだし、
それはすごいことだと思います。すごい豊かさだと思う。

本当にそれができるところに今、来ています、この惑星は。
そしてそれは、私たちひとりひとりが、自分で自由に選ぶことです。
どちらを選んでもいいんです。惑星に遊びに来たんだから。ほんとにそうなんですね。

では、ちょっとここで休み時間をとって、あらためて始めたいと思います。

（15分休憩）

現実のスクリーン

（15分休憩のあと）

皆さん、思い起こせば、おぎゃって生まれて、
たくさんのいろいろなフィーリング（バイブレーション）を体験してきたでしょ、ねえ。

思い出す時って、映像を思い起こしたりするじゃない、場面《シーン》みたいな。
こんなこともあった、あんなこともあったな……って。

でもその場面ではなく、体験した、この地球で体験したバイブレーション（フィーリング）。
いろんなものを体験してきましたよね。

場面はね、それを体感するには、とてもいい映像でした。
本当は、先にその体験したいバイブレーション（フィーリング）を選んでいて、
それを映写機にカシャっと入れて、映し出して、映像になったのが現実ですよね。

本当は、先にそのバイブレーション（フィーリング）を選んでいるんですけども、
私たちは眠っていたから、意識ではとらえられなくて、外（現実）に何か起きたとき初めて、
どのバイブレーション（フィーリング）を選んだか、わかるわけです。

たくさんのバイブレーション（フィーリング）がありましたよね、
私たちは眠ってきたから、きっとね、ひとりひとり、

自分が特別だと思っていらっしゃる方、たくさんいらっしゃるかもしれないけど、
聞いていくと、どのバイブレーション（フィーリング）も、ほとんどの人が体験しているはずなんですよね。

自分がそれがすごく大変だったたって思うことですら、
他の誰もが、同じようにそのバイブレーション（フィーリング）を使っていたっていうこと。
それは自分のものではなくて、あなたが自分の中を分離していく時に生み出した、
地球のバイブレーション（フィーリング）だったんです。

私たちはそれを体験したくて、
外に外に、強く強く、意識を向けて、自分と離れることで、
出てきたものを、とてもとてもリアルに体験できたんです。

カメラを向けると、フォーカスしたところがリアルになるでしょ？
意識を向けたところを、〝本当に体験するんですね。

そう考えてみれば、「あの人とのことで」とか、「この事柄で」って思い起こすことすべてが、
その事柄や映像ではなく、人や外の物ではなくて、
自分が選んだバイブレーション（フィーリング）を体験していたんだってことがわかります。

そんな見え方がし始めると、今まで確かだったものが、やわらかくなってくるんです。

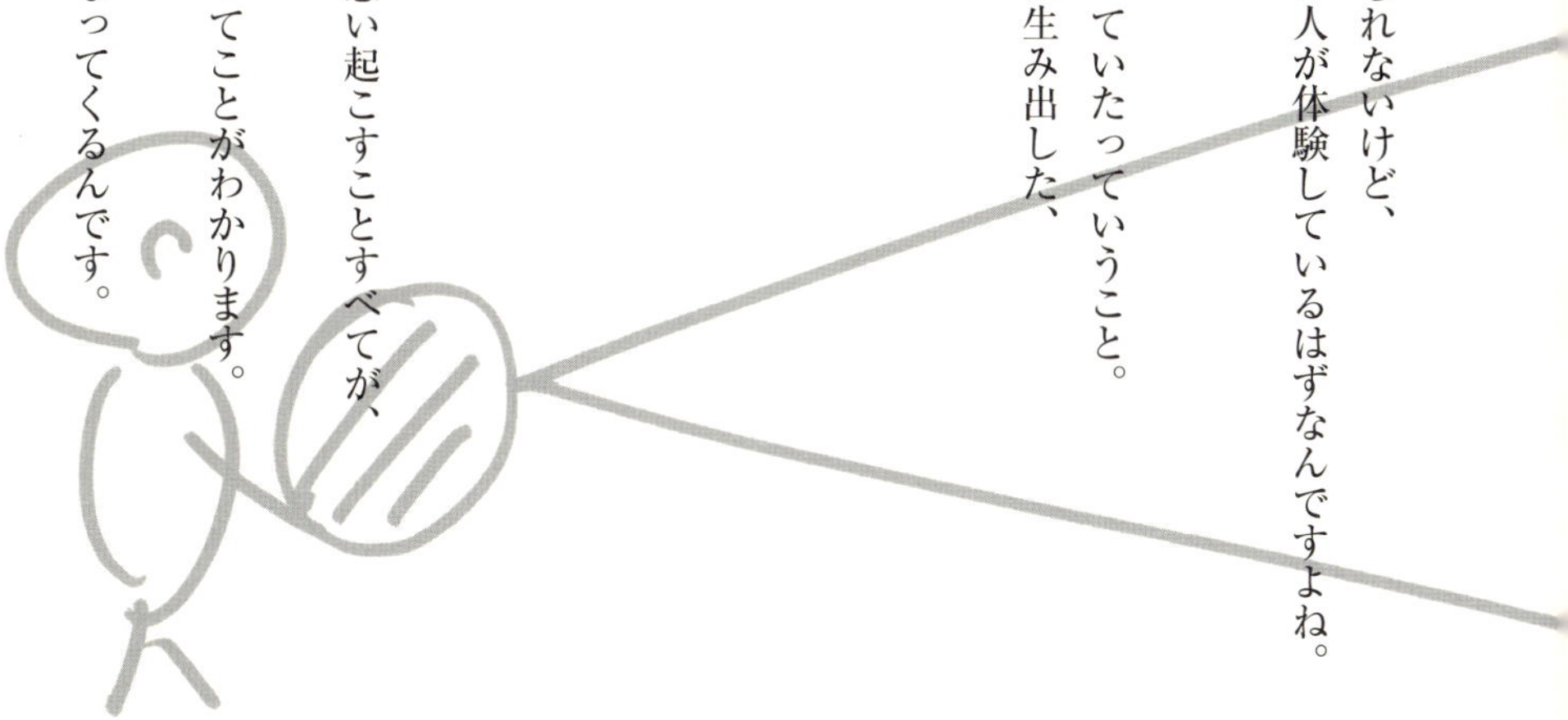

例えば、皆さんたち、自分の現実で、
「ああ、このことは居心地が悪かったなあ」とか、なんでもいいんです、今、思い出すことで。
仕事でのトラブルでもいいし、またはさみしさとか体験した場面があったかもしれません。

そういうものを思い出していただくとわかるように、
今までは、その出来事で、出てきた感情を体験しているという生き方だったと思うんですけど、
でも、本当は、そのバイブレーションを選んで、映像化したのが現実で、

『現実は中立で、感じているのは自分の中だけ。』本当はそうなんです。

現実が結晶化しているように見えるかもしれないけど、
あなたが選んだバイブレーションを手放したり、あなたの意識が変わると、現実が変わってしまうのは、
現実は波打ってるからなんです。

なので、皆さんが、今、思い出した、例えばすごいリアリティのある現実でもいいですね。
普段の、日常のでもいいですね。

今までは、意識をこっちに使ってましたから、(ステージ上のスクリーンを指して)
出来事のほうが、とてもリアルに見えていたでしょう。

でも、今、その出来事を見て体験している、その感覚のほうに意識を向けてください。

今までは、意識をこっち（外／現実のほう）に使い、起きていたことをすごくリアルに見えていたでしょう。
でも、今は、その映像を見た時に感じるこの感覚、感覚ありますよね、
そのバイブレーションを選んで、映像化しただけです。
そのバイブレーションは、自分の中だけで、感じてるだけです。

このバイブレーションを、どうやって感じられるかっていうと、
外（現実のほう）に意識を向けていると、出てきたバイブレーションをとてもリアルに感じます。

でも、現実を中立に見て、感じているのは自分の中だけって、意識をこっち（自分のほう）に向けると、
あ、この波動、この感覚を選んで感じていたんだなって、中立に見ることができます。

ちょっとひとつ、このバイブレーションを手放してみるのをやってみましょう。

あなたのその思い出した現実を、映画のスクリーンに映し出してください。

そして、そのスクリーンの中には、あなたはいないでください。あなたは外にいてください。外に。

それもこの劇場の、今あなたの座ってる椅子、それも他には誰もいなくて、
ひとりで、あなたはこの劇場の中央、または今の場所にすわって、
あなたの思い出した、その創り出している現実をスクリーンに見て、
映画のように見てください。フラットな映像です。

ではあなたは、その映像を外から見ています。

そして、その現実を見ると出てくる感覚（フィーリング）があります。

それはなんだってわからなくて、全然かまいません。

その感覚を、感じていくのではなく、それをただの形にしていきます。

『現実は中立で感じているのは自分の中だけ。』

それは選んだ地球のバイブレーションです。あなたのものではありません。


では、その感覚、そのバイブレーション、色は何色ですか？

まず、色にしてください。選んでいいんですよ。色は何色ですか？　大きな声で言ってください。

参加者　「黒！」「赤！」「茶色！」……

AYAKO　口に出すことでビジョンがはっきりしてきますので、口に出してください。色を選んでいただきました。では、その感覚、それをもう感じるんじゃなく、形にしていきます。今度は形を選んでいきます。そのバイブレーションはどんな形をしていますか？もう、どんなものでもいいんですよ、海の底に沈んだ客船でもいいし、エジプトのピラミッドでもいいし、球体でもいいし、山ひとつでもいいし、どんなものでも、皆さんたちクリエイティブに使っていいんですよ。大きくて、そして、これから材質、すごい硬いものを選びますので、一番のポイントはすごい硬さと、すごい重量感のあるものにすることなので、大きさも大きくしていいですよ。

参加者　「石」「鉄」「コンクリート！」……

AYAKO　では、材質を選びましょう。材質はね、ものすごい硬さなんです。コンクリート、石、鉄、岩、大理石、ブロンズ、そういった中までガチッと硬い、ものすごい重量感のあるものです。じゃあ、好きなのを選んでください、どうぞ。

AYAKO　では、その形を、その大きさ、どのぐらいあるか、その大理石でね、石でね、鉄でね、皆さんたちが選んだその材質の形は、サイズをちょっと教えてください。それを言うことで、あやふやだった形がはっきりして、この巨大さや、重さになってきますので。どうぞ、選んでいいんですよ、決めてもいいです。どうぞ。

参加者　（大きな声で）「1億トン！」「10トン！」「1000万トン！」……

AYAKO　これね、意識を自分のほうに向けるには、本当にその形をしっかり見て、リアルに見て、言葉に出すことが大事です。なぜなら、意識を外に使っている時には、あやふやなんです。意識をこっち(自分のほう)に使っていると、形にリアリティがきます。
なので形を言う時には、あなたの意識を、外ではなく、しっかりとその形のほうに使って、その形、材質の硬さを、しっかり体感しながら言ってください。どうぞ！

参加者　直径一キロの球体、ビルくらいの直方体……

外に意識がいっているいると言えないいんです。ほんとに。
これは本当に、意識を意識的に自分に戻して、形をしっかりして、
そして手放していこうって思ったら、遠慮なく大きな声で言ってください、そして体感をしてください。

それではね、重さも決めましょう。

重さはね、ものすごい重量感のある材質です。で、もちろん大きさもあるでしょう。

重量感は、何トン級にしてください。1トンって持ったことがないですよね。1000トンでもいいですよ。

持ったことないですよね。持ってたらサーカスにいっちゃうぞって。(笑)

つまり、動かしがたい、とてつもない重さにしていただきたいんです。

その重さを自分で選んでください。あなたが10トンといったら、本当に10トン。

例えば、港に停泊している客船を動かしたことはないと思います。持ちあげたこともないと思う。

本当に、動かせないでしょう。そういうふうに意識をすごく、その形のほうに持ってきてください。

では、もう一度誘導しますね。はい、それは、どんな形をしていますか？

参加者　(ひとりひとり大きな声で言う)

AYAKO　はい、では材質は何でしょう？
参加者　（ひとりひとり大きな声で言う）
AYAKO　ではその材質の硬さをしっかり感じて、重さはどれぐらいありますか？
参加者　（ひとりひとり大きな声で言う）
AYAKO　はい、では持ったこともないすごい重量感のある大きな形、地球で使っていたバイブレーションですね。それを両手ではさんでください。どんな大きなものも両手ではさめます。

そしてね、正面に海をイメージしてください。
あなたのところから、前に、そんなに距離感を持たなくていいですよ。
海があって、その海に向かって、自分の胸の下くらいから、
なだらかなスロープが斜めに、海に向かって、ずっと続いているのを見てください。

そうすると、そのスロープに、それを転がした時に、ドボンと海の中に落ちることになりますので、波打ち際でなく、少し先のほうまで、そのなだらかなスロープが、海に向かっているのを見てください。

そして、その形ですよね、それを両手でしっかりはさんで、
重量感、硬さをしっかり感じて、
スコンと、前のほうに出してください。
両手を前のほうにまっすぐ出すと、体から離れて押し出されます。

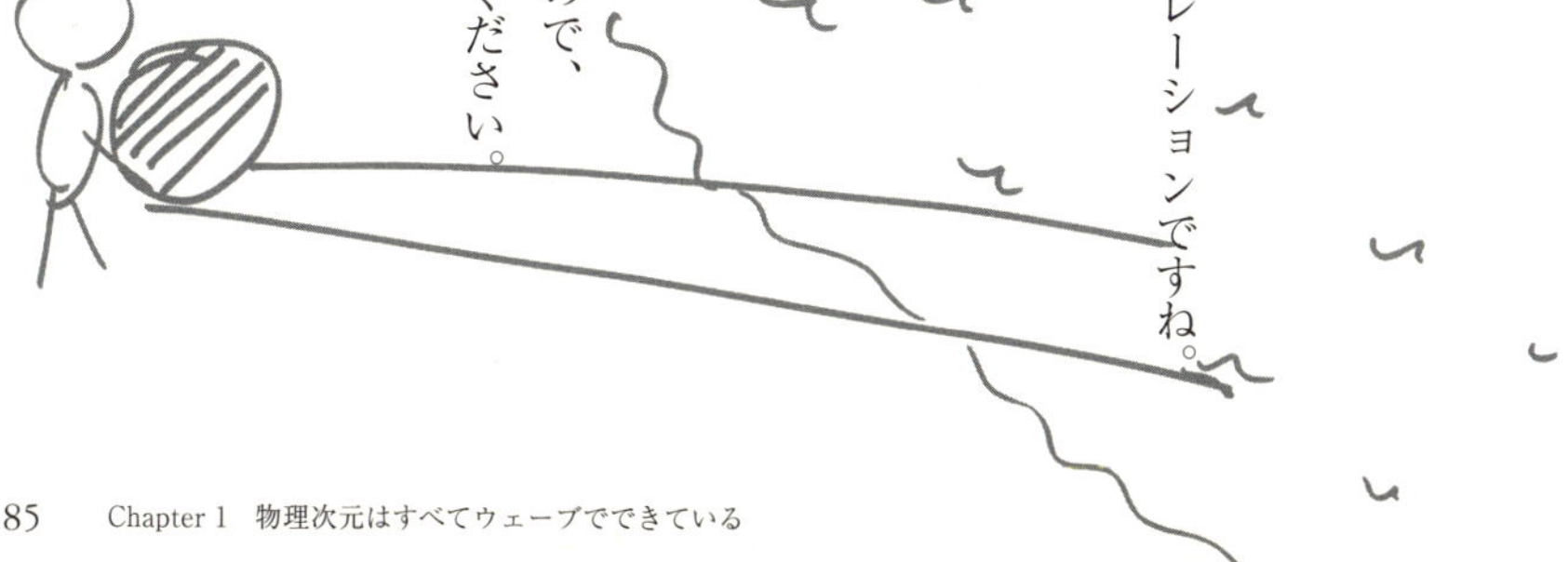

そしたら、それがどんな形でも、球体にしていってください。
きれいな球体にしていきましょう。

そして、ずっしり重量感を感じて、目の前のスロープにのせましょう。
そして、スッと両手を放すと、重みで、ゴロゴロゴロゴロゴロ……とまっすぐきれいに転がっていって、
海の中にドボンと落ちていきます。はい、深呼吸。

では、前をパタンと大きくあけましょう。
港に船が着いて、前がパターンと開いて、車が出てくるのを見たことがあると思うんですけど、
そんなふうに、両手をこういうふうにして、自分の前がパカーンと開いて、下までおりるのを見てください。

そして、今転がした、地球のバイブレーションに関連するものが、残りがひとつ残らず、
あなたの意識のすみずみから、いっぺんにシュッっと集まってきて、
大きな、すごく重量感のある球体になるのを見てください。
いいですか、シュッと集まってきて、ガチッと硬い、ずっしり重量感のある球体にしてください。

そしたらね、この球体をスコーンと抜きます。
そうすると、球体を抜いたところが、そのまま風穴になるのをイメージしてください。
ジグソーパズルのワンピースを、大きいのをポンと抜くと、向こう側が透けるでしょ。
そんなふうにこの球体の大きさの分がスコンと向こうが透けちゃうんです。
体もなくなって、全然かまいません。

では、スコーンと前に抜きます。

そうすると、大きな大きな風穴があきます。
前に出た、ずっしり重量感のある球体をスロープにのせて、スッと両手を放すと、重みでゴロゴロゴロゴロ……と、きれいにまっすぐ転がっていって、海にドーボン。
はい、深呼吸してください。

深呼吸すると、かろやかな、宇宙と同じ、なんの法則もない風がふぁーーーっと、前から後ろに、通りぬけていくのを体感してください。

気がつくと、足もとには、光のウェーブが起きています。
東西南北、見渡す限り、光の海みたいに見えますが、大陸的な、光のウェーブがきれいに波打つ大きな磁場に、しっかりと自分が立っているのをイメージしてください。

宇宙と同じ、なんの法則もない、分離もない磁場にしっかりと立っているのをイメージしてください。

そして、大きくあいた風穴に、前から後ろに、風を通してあげてください。
宇宙と同じ、なんの法則もない、なつかしーい風が通り抜けていきます。
足もとには、光のウェーブが、幾重も幾重も幾重も幾重も、まるで光の波紋が広がっていくように、

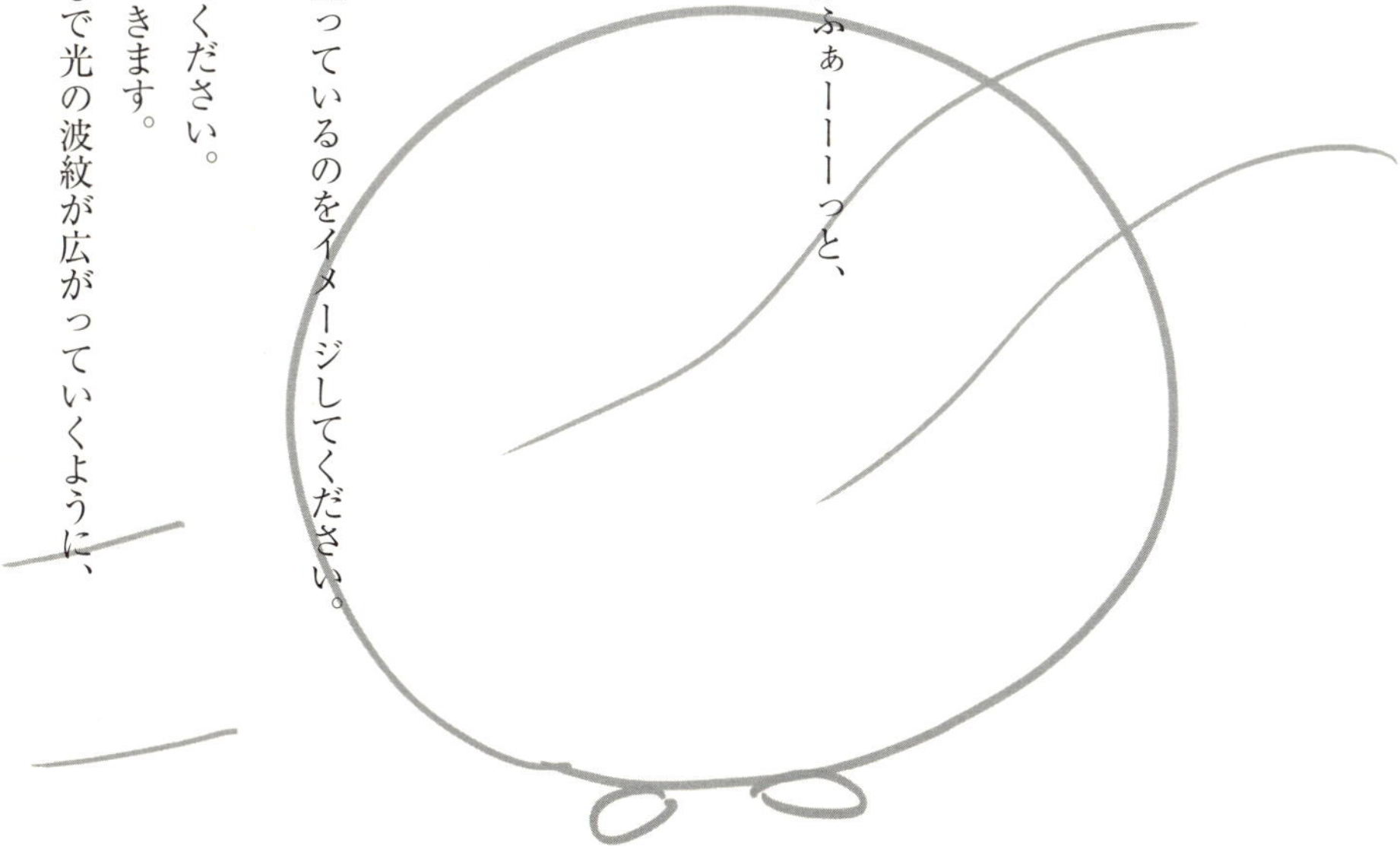

小石を湖にポンと落とすと、波紋がいくつもいくつもいくつもいくつも広がっていくでしょう。
あなたの足もとのまわりから、ウェーブが起きて、
幾重も幾重も幾重も幾重も、光の波紋が広がっていくのを見てください、感じてください。

そしたら、ゆっくりと目をあけてください、風を通しながら。

さて、あなたの創り出した現実を映像で見たんですよね。覚えていますよね、
じゃあ、その映画館で、このスクリーンに、あなたの映像をもう一度見てみてください。
どんな感じに見えますか？

参加者　他人ごとみたいな感じで……
AYAKO　あの、エネルギーがないっていうか、力がないですよね。
参加者　そうですね。
AYAKO　壁に映し出される映像みたいな感じ。
参加者　はい、ただの映像です。
AYAKO　フラットなね。そして、あなたが使っていたバイブレーションがあるでしょ？
だってそれを見て、感じたんですよね。それをもう一度見てみると。どうですか？
参加者　なんか、あのエキサイトしていたバイブレーションは、なんだか違う形に変わって、
私の中でなんか、満足感に変わってるというか……
AYAKO　そうですね、はい。

参加者　なんでしょう。

AYAKO　それが自然なんです。

今まで私たちはすごく外に意識を向けて眠ってきたので、当然、外の現実のほうがリアルなわけです。

起きたことに一喜一憂できたわけ。

つまり、これ（現実）を見て、これ（感覚／バイブレーション）を感じてる。

でも本当は、あなたの体験していたバイブレーションというのは、みんな、
地球で、あなたが分離した時生み出したバイブレーションなんですよ。
本当は、この事柄とは関係なかったんです。

そして、それを手放すと、統合して手放すと、統合されたエネルギーが戻ってくるので、
だから分離から生み出したバイブレーションも、なくなってしまうわけです。
参加者　だから満足感に変わっていったんですね。
AYAKO　そうです、そうです。自分の中がつながっていくから。
あなたとの分離を統合していってますので、だから、つながれば、つながるほど、
もう、とてつもない、満ちた、本当に大きな意識になっていきますから。もとがそうですからね。
参加者　何か頭で理解したとかそうじゃなくて、自然に、ただつながっていく……という感じ。
AYAKO　そうです、そうです、頭を使わないでください。

頭を使えたのは、私たちが自分と離れていたからです。現実のほうに近づけば、近づくほど、頭を使えるんです。

わかっているというのは、頭でわかっているという状態を、わかってると思っちゃってます。

本当は、自分と離れれば離れるほど、頭を使えるんです。あなたと離れれば離れるほど。


ここにいれば、ただのバイブレーションなんですけど、

あなたと離れ出すと、やにわに、外に意識を強く向け、
外に意識を向けることで、離れられるんです、あなたと。外に強く向ければ向けるほど、あなたと離れられます。

何を体験できるかっていうと、
こうやって、外に強く強く向ければ向けるほど、外はリアルだし、
また、こうして、離れれば離れるほど、分離から生み出したものは、すごくリアルなんです。
リアルだったでしょ？　リアルだったよね。

参加者　はい、とても！

AYAKO　とてもリアルだったよね。

でもひとたび、『体験するために』そのバイブレーションを使うんじゃなくて、そのバイブレーションを『統合するために』使うと、当然、こっち（自分のほう）に意識を向けて、それを形にしていくわけです。

外に意識を向けてる時は、形にならないんです。感じるものになっちゃいます。でも、それを形にしよう、ただのバイブレーションとして、形にしよう。映写室の、ただのフィルムなんだというふうな意識で。それを形にして、そしてそれをはずすみたいな感じ。

参加者　はい。

AYAKO　わかります。おもしろいでしょ？

参加者　すごくおもしろいです。

AYAKO　あなたがこの場所から出て、本当に戻っていきたいと思ったら、日常で、これをやり始めてみてください。

『現実は中立で、感じているのは自分の中だけ。』

一週間とにかく、現実をなんとかしようじゃなくてね、あなたが創った現実ですよ、全部ね。

ニュースを見ていても、現実は中立で、つまりフラットな映像ですね、
映画館のスクリーンに映し出される映像のように見て、感じているのは自分の中だけ。
これを使うだけでも、現実との隙間があき始めますので。

100こっち(外)に使っていた意識で、現実とおでこがくっつくような体験の仕方、つまり現実によって「これが起きてる」って、リアルに体験ができるわけでしょ。

それが、だんだん『現実は中立で、感じているのは自分の中だけ』っていうことを、どのシーンでもやり始めると、現実と自分のあいだに、少し隙間があき始めます。すごくいい始まりだと思いますよ。

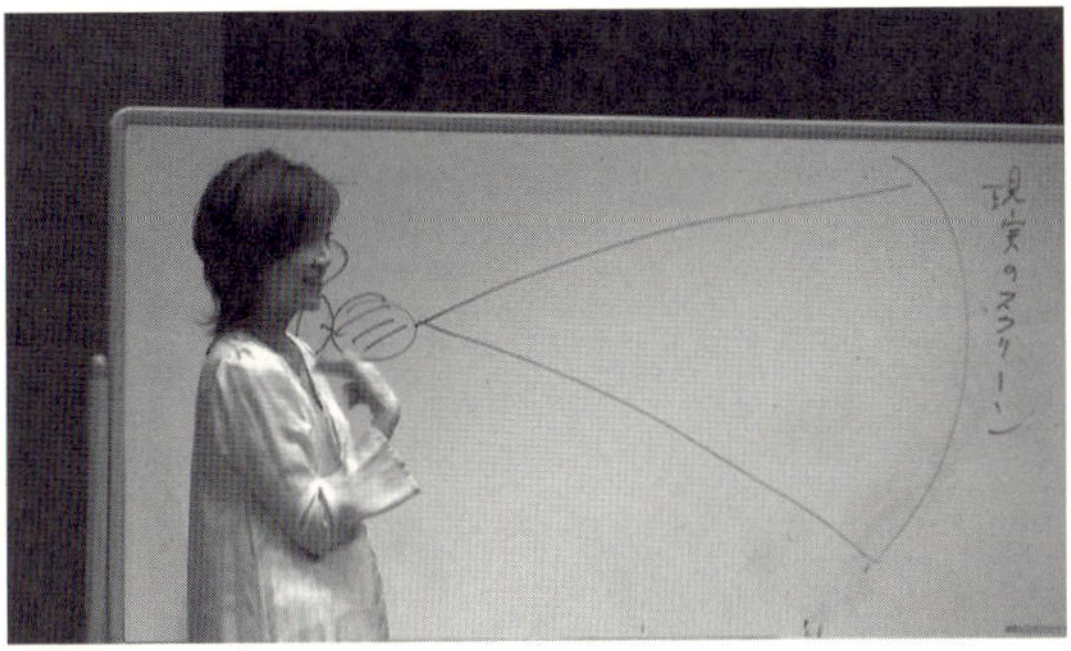

そうすると「あら、今まで確かだと思っていた現実、これは動かないと思っていた現実って、
もしかしたら、ただのウェーブで、私のほうに意識を向けて、
体験しているバイブレーションを手放していったら、それはただの波に戻るんじゃないかしら」って、
本当に体感が始まったりします。実際そうだからね。ほんとにそう。

現実は中立なんですよ。
でも外に強く強く意識を向けてると、その人、その事柄、その言われたこと、
それによってこれを感じてるって、バンっとくっつけちゃいますので、わかります？

だから、それこそ本当に、皆さんたちがここまで来て、
これが眠るということ、これを体験するために、自分と離れたわけです。

高い意識では、ただのバイブレーションになってしまいますからね。
皆さんたちが、統合が進んで、どんどん自分のほうに意識が戻ってくると、
現実はどうとでもなるのがわかってくる、現実は波打ってて、変わるものだと本当にわかってくる。
そして、こっち（自分のほう）に意識を使い出します。戻っていくためにね、
高い意識に、大きな自分の宇宙意識につながっていくために、こっち（自分）に意識を使い出します。
こっち（外／現実）に使っている時は、眠っていくやり方、
こっち（自分）に意識を使う時は、戻っていく時なんですね。

現実って、本当に波打ってるだけです。

だから私は、どんな現実が起きても、現実をいじろうとはしません。どうせ変わるから。
その現実をいじるのではなくて、自分がそれを見て体感している、このバイブレーション、
これが次に統合するものだって気づいているので、それを統合します。

そうすると、自分が上がっていきます。もちろん、ここで統合するので、上がっていきます。
そうすると、統合して自分の出す波動が変わってしまいますので、
現実は、えっ、そんなこと起きてたっけっていう感じで。

そういうことを体験し始めたら、多くの人が体験し始めたら、ほどけていきますよね。
むずかしいと思っている時は、すごくすごくあなたと離れている時ですって。むずかしくないし(笑)

かろやかで、満ちていて、本当に広々としたところに出ていくし、
楽しくて、楽しくて、しょうがなくなってしまう。
そして、それはなつかしい自分なので、特別じゃなくて、誰もがただ、眠っていただけなんだ、
波動を下げていただけなんだって。

自分もそうだったけど、上がってくるともう、誰もが自分につながってくれば、自由な意識に戻っていけるし、
そして、自由な意識だったら、この惑星の制限を使わずに、物や形を表していくことができるっていうことが。

頭じゃないよ、頭でわかるんじゃないよ、本当に見えちゃうし、体験するし、あなたが知ってるので、知ってるところに戻っていくんですよ。
自分が知っているから、本当は。

それを忘れるために大変だったわけで。つながっていったら思い出してしまうので。
もうまったく、この惑星での在り方が変わってしまう。

だから今を楽しむし、この瞬間を楽しむし、
そして、つながっていけばいくほど、つながっていく人たちは、
目を覚ましたいという人たちとの接点が、だんだんできてくるでしょうね。
その電波っていうのは消せないんでね。

さっき言ったように、私たちは、分離からのバイブレーションを共振しあうことで、
制限をすごく増幅させ、リアリティを体験できた……

この制限の磁場にグランディングできたんです。
ともすると高い意識だから、上がっちゃうから。みんなでこう共振して。

それが、本当に使っていたバイブレーションを手放して、分離のほうを統合してくと、
自分の中をつないで、あなたの中をひとつにつなぐことになります。
あなたに戻っていくと、つながっていくと、波動が上がってきます。

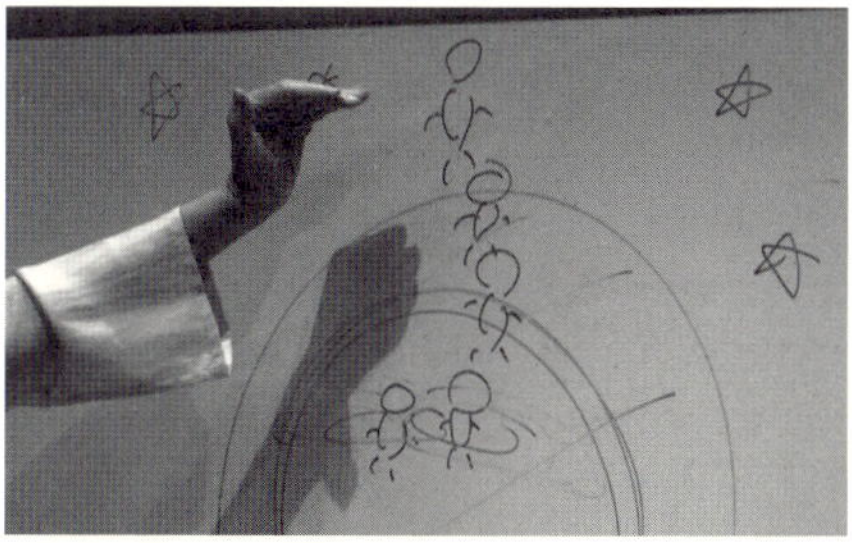

統合していくというのは、もう、そのまま波動が上がっていくんです。
なぜなら、波動を下げるために分離しているから。
分離の線がなくなるというのは、あなたの中がつながってしまうから。

つながってしまったら、高い意識に戻ってしまうんです。
高い意識ではこの惑星に存在できなかったから、分離したんだもん。

それで、本当にこの次元、つまり同意して、
概念を共振して、制限を体験して、ものの見方も法則を使ったり……。
ほんと無意識ですよ、意識にはのぼらなくても、
この概念の次元で、私たちはずっと共振しあい、体験をし、あらわすことをしてきました。

でも、その次元から出てくると、概念やルールとか、そういう制限とかを使わない意識で、ここで表し始めます。
この惑星でね、体を持ってますから、物理次元だから、やっぱり形になるんですね。

ただ、あなたの中が、高い意識になってしまうので、出てくるバイブレーションは、
概念とか法則とかのバイブレーションじゃなく、ハーモニーになっていく、調和。
本当に、調和だし、広がりだし、無限のバイブレーション。

存在しているだけで、その電波が出ているということです、体から。

フランスで対談したある人が、地球は変わってきてるし、これからは変わっていくっていうのも、ありありとしてきてるから、別に統合とかしなくてもいいんじゃないの？　って、ムーブメントとか起こさなくてもいいんじゃないの？　みたいに言われた時に、

例えば、お母さんが子どもに、「未来はワクワクしたものだよ、これから自由になるよ、なんでもできるんだよ、もう、ほんとにいいんだよ、せまいところにいかなくて」って言いながらも、自分が分離してるところから出しているのが、地球の「不安」とか、「そうはならない」という波動を出していたら、それしか共振しないんです、わかる？言ってることなんて、本当は入ってないんです。音だけでお互い共振してますから。

……って言ったら、「本当にそのとおりだ！　２００％あなたに同意します。」ってことだったんですけど。だから、私たちが影響し合っているのは波動ですので、どんなに正しいことを言っていても、その人が本当にわかっているところの音でなければ、やっぱり影響しあうのは概念なんです。

でも、私たちっていうのは、もともと高い意識で、もとの完全な意識のままでは、ここに存在できなかったから波動を下げただけですので、

今回は多くの意識が戻る同意をしたので、惑星ごと、ゆっくりですけど、三次元から四次元に上がってきているので、体を持っている私たちが、高い意識に戻っても、この惑星に存在できるってことなんです。

今までは、高い意識に戻ると体を脱がなきゃいけなかったでしょう。聞いたことありません？マチュピチュとか高い文明が栄えたところで、波動が上がっていくと、光になって消えた、みたいな話。

低い波動、低いのが劣ってるわけではないですからね、低いのは全然悪くないです、ただの波動だから。高いか低いかっていうのは、高ければ高いほど、完全だと思い出している状態で、低ければ低いほど、完全だっていうことを忘れている状態だけです。

以前の地球だと、眠るほうをみんなで同意をしていたので、ちょうど宇宙の中で、「ここまで」っていう制限の惑星で存在できていて、そこで高くなる意識たちは、それ以上、上がりたいんだったら、体を脱いで、もとの高い意識に戻っていくっていう、それしかできなかっただけで、今は多くの意識の同意で目を覚ますことを選んだので、高い意識に戻っても、存在することができる……。

聞いていてどうですか？　はい、どうぞ。

参加者＊1　確認なんですけど、統合するためには、先ほどやっていただいたワークを毎回やっていくと、どんどん統合していくということで大丈夫なんですか？

例えば、現実を映し出して、悔しいという感覚や、悲しい感覚があったら、それを先ほどのワークで、形にして転がしていくっていうのをやっていくと、どんどん統合になっていくんですか。

AYAKO　あなたが、もう現実のほうに力を与えずに、今おっしゃったように、現実は中立で、感じているのは自分の中だけだったんだって、わかります？　頭じゃなくてね。

あなたの現実のシーンを見るわけです。

今までは、〝シーン〟と〝感じる〟は一体だったけど、シーンはただの映像で、感じているのはこの中だったんだって、そういうふうに意識を使い出して、これを形にしよう、使うのではなく、手放していこうっていうことをやっていけば、あなたの中は変化を始めます。


今まで、すごく強く、外に意識を向けてきたから、習慣は出ます。

例えば、頭で、ああそうかそうか、現実は中立で、じゃあ、こっちを扱えばいいのねって言いながら、その感覚をありありと感じながら、はずそうとしても、統合は起きないです。

大事なのは、あなたが「戻っていきたい。本当に自分のもともとの大きな意識に戻っていきたい」って、本当に思った時に、意識をこっちに使い出すので……。

参加者　はい。
AYAKO　わかりますかね。
参加者　はい。
AYAKO　あなたの現実を見て走っていくんじゃなく、現実を触わりに行ったり、変えようとするんじゃなく、「そっか、これがただの映像で、感じているのは自分の中だけなんだ」って、この絵を思い出していただいて、
参加者　はい。
AYAKO　わかる？　こっちに意識を使って、今までは、さっきおっしゃっていただけましたよね、悔しいとか、わかりますよね、今までは、ここにいれば「悔しい」なんです。

（ノートにメモをとっているのを見て）　ううん、書くより見て。

参加者　はい、すいません。（会場　笑）

AYAKO　見たほうが、本当に入るって。書いてると頭使うから、ここから動かないもん。頭使ってる時はもうここにいるので。

参加者　はい。

AYAKO　あなたは知ってるところで聞きますので。本当は知ってますから。忘れているだけ、忘れることを選んでいるだけなので。だから、ちゃんと、入りますって。

参加者　はい。

AYAKO　それで、「悔しい」って、さっきおっしゃいましたね。「悔しい」って、体験できてる時は、このぐらい現実に近くに来てます。わかります？

参加者　はい。

AYAKO　だからこれ（現実）が気になるわけですよ。これによって悔しいって。わかります？　悔しいんです。

でも、今まではもう普通に、現実とこれ（出てくる感覚）はセットで、起きたことで（この感覚を）体験してる、これによって、こういう気持ちになってるっていうのが、普通だったあなたが、自分でね、大事なのは、どこに向かいたいかを決めるのが一番大事です。

……っていうのはね、目が覚めるというのは高い意識に、本来の自分の高い意識に戻っていくことですので、

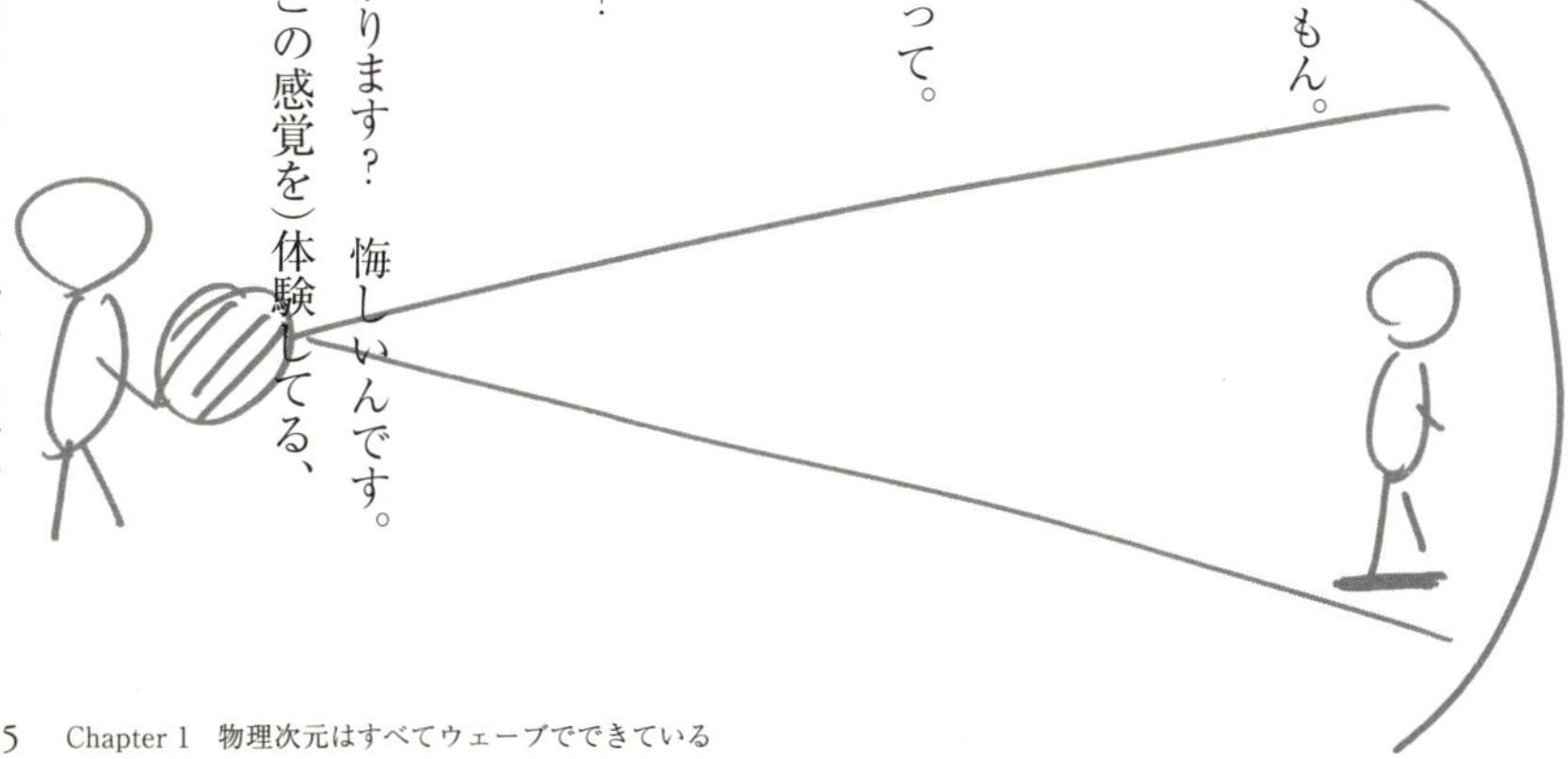

その方向性を、その人が選ぶことが大事なんです。
例えば、え、じゃあ、いいやいいや、これちょっとやってみようっていうみたいな感じだと、外(現実)に意識を向けたままの統合しかしないんですよね。わかる?
戻っていこうという意識になるから、意識をこっち(自分のほう)に使い出すのであって、そういう意識になってない時には、しっかり外に意識を使うので、えっと、現実は中立なんだね、うん、悔しい、悔しいね、じゃ、「悔しい」を形にしてって、もう、全然統合にはならないです、違いわかります?

参加者　あー、はい。

AYAKO　あーじゃあ、現実をちょっと変えてみようか、ちょっとおもしろいじゃん、みたいな感じだと、外に意識を向けた統合になるので、意識をバリバリ外に使いながらの統合っていうのは、ここからもう動かないです。統合っていうのは、本当は高い意識でやるものなので、本当にただのバイブレーションだって、わかったところから手放すから、あなたの波動が上がるんです。
でも、方向性を決めないで、あ、じゃあこれちょっとやってみようか、みたいな感じだと、今まで、外に意識を向けて眠って来たのですから、バリバリ外に意識を向けながら、少し感じながら、「悔しい、ううん、でもこれ違うんだよね、地球の波動なんだよね」って、

「感じるんじゃないんだよね、あーじゃあ、形にするんだよね」（会場　笑）

統合は起きないです、どうでしょうか。

参加者　はい。ちなみになんですけど、意識をどんどん高くしていきたいと思っているんですが、高くなっていくと、どんな感覚になるのかっていうのが、まったくイメージできなくて。

AYAKO　そりゃそうですよ、眠ってるんだもん。（会場　爆笑）

参加者　だから、それを体験していれば、あの感覚はいいなと思って、そこに行こうという気持ちが強くなると思うんですけど。

AYAKO　ところがです……、そうでもないんだなあ。本当のことを聞いた時、私たちはこの惑星で波動を下げて眠っているだけなんで、本当のことを聞いた時、ワクワクが走るんです。

参加者　あー。

AYAKO　本当に目を覚ましたいっていう時には、ワクワクします。私ね、すごくすごく、深く眠ってたんですよ。あの、２２年前ね。で、バシャールに出会った時だって、別にバシャールを、聞きに行こうなんて思っていなくて、エンターテイメントを見るみたいな感じで参加してるわけですね。

参加者　はい。

AYAKO　言っていることは、まったくわかんなかったです、だって眠ってんだもん。（会場　笑）
私の学んだ法則の中の言葉がないんだもん。ただ、音の確かさっていうのかな、
そこからのね、本当に概念のない自由な音の確かさが、響くわけです。高い音っていうのはね。

今まで、聞いたことのない音だったわけです、今までは、どんな正しいことを言われても、
概念を響き合わせてるわけだから、概念を抜けた音なんて体験したことないじゃない。
今、思えばだよ、その時はわからないですよ。ただ、その音を聞いた時、動くものがあったわけ、自分の中で。
熱く溶けていくような、なんかこうワクワクするようなね。
知らなかった本当の自分がいるのを感じたような……。

その当時はね、２２年前ですから、「ワクワクすることを選択してください。
ワクワクというのは、あなたにとって真実だということを翻訳した波動がワクワクですよ。」
という言葉が、すごく印象に残ったの。

で、私が体感したのは、そのセッションで、彼が何を言ったかまったくわからなかったけど、
なんかこう、私が気がつかなかった自分というエッセンスがあって、それが動き出したんですよね。
でも私、その当時すごい知識を大事にしてたから、もう否定する考えがものすごくいっぱい出てきたわけですよ。
その会場を去ったあとですよ。

「ワクワクすることを選択してください。それが真実だ」って、ワクワクは罪悪みたいに言う人がいる時代によ。

でもね、私、その時に、もしそれが本当だったら、どんなにこれからの人生が楽しいだろうって思ったわけ。

なんていうのかな、自分の中が溶けていくような気持ちのよさを体感して、
セッションでバシャールが言ってたことはまったく忘れたけど、そのあと一ヵ月くらいテロップみたいにね、
「ワクワクすることを選択してください。それがあなたにとって真実の……」
こう、電光掲示板のテロップみたいなのが頭のまわりを回るの。

で、それと同時に、私は眠ってたわけだから、ものすごい知識があるわけですよ。

そうすると、否定する考えがいっぱい出てくるわけ。

そんなことしたら、みんなワガママになるとか、もういろんなものが、たたかって一ヵ月、
いや、今は違うと思う、皆さんたちの入り方は違うと思うけど、その当時はそうだったの。

だからもう、かんたんになることがいけないことみたいな。眠るっていうのはそういうことですよね。

いけないことなのよ、かんたんにしちゃ。むずかしくしたほうが、やってる気がするし、価値があるのよ。

だから、私はそういうふうに眠ってたから、だから、たたかうわけ、自分の中で。

いや、そんなことしたら、もう世界がメチャクチャになる、それこそワガママだってね。


そのうちね、一ヵ月くらいたった時かな。なんていうのかな……、真実の音って、

「もしそうだったら、どんなに豊かだろう」って、溶けていくような感じなのよ。

私ね、溶けていくほうを、選ぼうと思ったの。

で、私を信頼しようと思ったの。
自分についていこうと思ったの。それを消すんじゃなくて。
復活したエッセンスのほうを、なかったことにするんじゃなくてね、あの当時は消すこともできたからね。

なかったことにして、みんなと合わせていくんじゃなくて、
「今までどおり」をやめて、そのエッセンスの呼吸をもう殺さないで、
そうだ、私、体を持ってるあいだに、本当の自分で存在してみたいと思ったのよね。
それから、私は、私は高い音に耳をすます、つまり自分からチャンネルを合わせることを選んだわけ。

地球っていうのは、まだまだ眠ってますから、たくさん眠りの電波を共振しあってます。
美徳とかね、ちゃんとしなきゃとか、眠った情報がたくさんあります。

あなたが目を覚ます時は、やっぱり高い音に意識を向けて、
高い音を聞こうとする、そういうチャンスを、自分にどんどん与えていくことはとても大事。

でなきゃ、目を覚ましていかないもん。だって目を覚ましてるつもりと思ったって、電波が、地球でしょ、まだ。
だから、概念の電波に合わせるのって、かんたん。
そうしたくないと思っても、無意識に合っちゃうの。

だから、あなたが本当に目を覚ましたいと思ったら、高い音に耳をすます、
高い音に触れ続ける、触れていくっていう環境、そういうものを選んでいくことが大事です。

そして、自分のものにしていくんです、ここ(概念のない次元)に上がっていくこと、わかります?
私もね、きっと、あの時に、ものすごい外に意識を向けていたから、
評価とか、どう思われるっていうのがすごかったので。

今の惑星の環境は、違うと思う。
今のこの惑星では、どう考えたって、そんなことはあまりにも化石のように感じちゃってますけど、
その当時、私は眠ってたわけですから、本当のことを言うっていうのは、すべての信頼を失なうって、
本当に思ってたわけ。今までの実績、今までの、ま、それなりに自分で実績があるって思っているわけだから、
え、じゃあ、今までのこの信用やそれはどうなるの? みたいな時代だったわけですよね。

でも、私ね、やっぱり一歩踏み出したのは、そっちのほう、つまり本当を消したくないっていう、
そっちのほうを選んだのは、誰のためでもなくてね。
自分がやっぱり、もうこれ消さないで、体を持っているあいだに、
本当の自分で姿をあらわしてみたいっていう思いがあったからなんだなって。

だからもう、いろんなことがありましたよ、動き出した時。でも、今思えばさ、私、眠ってたわけじゃない?

そうすると、自分が創り出しているんだよね、変化する時はこうなるだろうって。

今思えば、全然もうわかってるけど、抑え込もうというような情報とか、
その時は眠ってるから、もうバッシングみたいに感じると、息絶え絶えみたいなの体験するじゃない。

そう、外だと思っているから。自分が創ってると思ってないから。

今はわかるよ。眠りから目を覚ます時は、そういうことを起こす、

真実を話すと、こういうことが起きるっていうことを、
自分で学んでいたから、それを結晶化しただけだっていうのもわかるし。
でも、今の惑星の環境は違う。

この地球って、本当に変わっていくんですよ。
私たちね、意識の変革を成し遂げてしまうんです。

高い意識に戻るんです。
戻る人が圧倒的に出てきます。

この10年すごいですよ。2012年に大変革が起きるって、いろんな情報ありますよね。
例えばマヤ暦だったら、もう終わってしまうとか、いろんな見方がある。

この惑星に今までと同じような意識がいなくなるように見えるから、
眠った角度で見ると、滅亡したってとらえ方になっちゃうわけ。でも、目の覚めた角度で見ると、
今までの低い意識がいなくなって、高い意識になったから、人がいないように感じてるだけ。
つまり、それだけ、意識が変革してしまうってこと。わかります？

参加者＊1　はい。

AYAKO　本当に、私たちは今、このすごい環境で変革を成し遂げようとしてるんです、意識の変革。

そのためにものすごく、バラバラになってるわけです。
今までのやり方が崩壊してきてるわけです。

今までのやり方がやれないから、立ち止まれるんですよ。
今までのやり方がやれたら、まだこっち(外／現実)をこんなふうに(懸命に)やっちゃいます。わかる？
やればやるだけ、難しさが増し、複雑になり、
地球って、どうやって平和にすればいいんだあってことになりますよね。

わかる？　やれなくなるから立ち止まり、こっち(自分)に耳をすましたり、
シンプルさに戻るきっかけをみんなで創るわけ。ひとりひとりが。

そしてこうして、情報を入れよう、高い音を入れようっていう人たちが、圧倒的に出てきますよね。
高い音に触れて、そのあとは、どっちに向かいたいかは、その意識(人)が選んでいくことだからね。

あ、もう、目が覚めることはわかった。
ああ、じゃあまだ、もう少しこっち(外／現実)をやりたいっていう人もいるでしょうし、
もうそろそろ、やりつくしたから、高い意識に戻っていこうっていう人もいるでしょうし。わかります？

参加者＊1　はい。

AYAKO　本当は私たち、眠っただけ。夢を見てたんです。夢をね。

自分と離れて出てくる、複雑さや困難さや、いろんな地球のバイブレーションを、
とてもとてもリアルに、リアルに体験する、眠りの仕方をしてたんです。

充分やりきって、充分体験しきったら、
今度は味わうのではなく、そのバイブレーションを手放して、
あなたのつけた分離の線を統合して、あなたにつながっていってください。
だから、一番大事なのは、あなたがどうしたいかを選ぶこと。ですよね。

参加者＊1　はい　ありがとうございます。

AYAKO　他になにか、質問とかありますか？　分かち合いとかでもいいです。はい。後ろの方。

参加者＊2　あの、家の中にいる時は家族がいて、家の中で、現実のスクリーンがあるんですけど、
会話をする時っていうのは、その現実のスクリーンに対して話をするので、統合はできないものなんでしょうか。

AYAKO　まず、あなたがどうしたいかを決めてくださいね。

現実を変えたいから統合するっていう角度は、圧倒的に現実にフォーカスした角度なんです。
この現実があたかもいけないことみたい。これはもう、外に意識を向けてるから体験してることなんです。
統合というのは、あなたがつけた、自分でつけた分離の線を外して、あなたにつながって、

高い意識に戻っていくことになります。わかる？

だから、今質問した、家族がいるから、家の中にスクリーンというのではなくて、「家族」とか、「この人が」とか、「この事が」とかっていうのから、手を放してください。「あなたが創り出した現実」というふうに思ってください。わかりますか？


家族はすごく近いです。

だからもう、すごい目の前に、(手のひらを目の前にあてがって)こんなふうにいるような感じです。

でもそれも、戻っていく方向で見れば、ものすごいやりがいがあるわけです。

それぐらい、ベタっと現実とくっついてるわけだから。わかる？

もちろん、話しながら統合なんて、最初出来るわけないじゃない。圧倒的に外に意識を使ってるんだもん。

のめり込むように、反応していきますよ、ボタンの押しあいで。わかります？


その生き方をしてきたんだもん、私たち、本当に。同意をして。

だから、あなたが、もし、高い意識に戻ってもいいというのであれば、現実が中立であること、家族、仕事、だからではなく、ただたんにそれはシーンだと思ってください。


わかる？　つまり、あなたがずっとずっと感じているフィーリングがあるでしょ。

もう、家族を見ると感じるフィーリングってあるでしょ。

参加者＊2　あの、時々口論をしたりしますけど、あの、統合する感情というのは、わりとマイナスなものが多くて、プラスの楽しいとか、嬉しいとかいうのは、統合には使わないのかなと思ったんですね。

AYAKO　さっき統合した時はどうでしたか？

参加者　さっき統合では、マイナスの感情を感じてた時のシーンを思い浮かべました。

AYAKO　その、統合したあとは、そのフィーリングはどうでしたか？

参加者　あとは、何にも感じなかったんです。

AYAKO　なくなっていました？

参加者　はい。

AYAKO　あのね、ここであなたはマイナスと言いましたね。

このフィーリングがマイナスと私たちが判断したのは、地球でのことなんです。
宇宙から見れば、マイナスとかプラスはなくて、ただのバイブレーション（波動）なんです。
ただの波動。あなたが映し出すのに使ったフィーリングは、ただの波動で、
マイナスのバイブレーションではないんです。

ただ、私たちは分離から生み出したものはほとんど、地球で見ると、否定的（ネガティブ）って。
どちらかというと否定的。分離から生み出すわけですからね。そういうものがほとんどです。
統合されるとワクワク感に変わったりしますけど、わかります？

だから、否定的なものを扱っているという角度ではなくて、
あなたが分離した時に生み出した地球のバイブレーションを、統合していくことになります。
それが、よく見てみると、否定的なものだと思うかもしれないけれど、そこで見ないでください。
ただのバイブレーション（波動）です。

あなた自身が、家族との関係をどうこうするのではなくて、わかる？
外にすごく強く使った意識を、自分に戻してあげよう、あなたに戻っていこうというのであれば、

家族と言い合いをしようと何をしようと、それをやったあとに、必ず、別の部屋でもいいですから、
自分が大きな劇場の、シアターの中央に、ひとりポツンとすわって、
大きな画面に、今創った現実、それ、あなたが映像化してますから、それを映像で見て下さい、さっきみたいに。

その時はね、もう映像で見るっていうことは、映画ですので、
お母さんがとか、何が、みたいな使い方はしません。

使うのは、『映像は中立で、感じているのは自分の中だけ。』

結局ね、踏みとどまるのが大事ですね。
例えば、わあーっと走っていって、口論になって、感じて、
「こんなこと言われて、もう、絶対許さない！」わかる？「仕返してやる」みたいな、
「変わるもんか、私だけが変わったら、この人にわからせることができない」って、

そこまでドラマティックにやってる時は、ほどけないです。
だから、自分で選ぶのが大事。ああ、今まではそうしてきたけど、
今までは、この地球の概念を、こうやって首に巻くくらいやってきたけど、私は、これを手放していこう。
そして手放して、自分のつけた分離の線を統合して、自分につながっていこう、戻っていこうって、
選ぶことが、まず大事です。

そしたら、あなたは、本当に映像として見ます。わかる？
でもあなたが外に強く意識を向けて、もう、これをどうにかしたい、この現実を、だから映像……っていう時は、
首にも巻いてますし、足にも絡ませてますので、ただの映像というふうには見えないでしょう。

そんな時には、こう思ってください。長い歴史だったからなって。
すごくすごく、自分と離れて、外にフォーカスをして、
出てくるものをリアルに体験する、地球での生き方が、長かったからなって。

でも、今の私は違う、選択は毎瞬だからね、私たち。
本当に毎瞬なんですよ、選択は。

今の私は、がんじがらめでドラマをやるのではなく、戻っていこうって、これをはずしてあげようって。

わかる？　その時初めてあなたは、スクリーンにただの映像として見るだろうし、
外に使った意識を全部自分に向けて、『現実は中立で、感じているのは自分の中だけ』って、

それ（フィーリング）を体験していくのではなく、
この地球のバイブレーション（フィーリング）は何色だろう、材質は、重量感は……って、
意識を全部、こっち（自分のほう）に使えます。

わかる？　さっき質問された方に言ったように、
意識を外に使ってたら、こっち（自分のほう）に意識があんまり来ないと形もぼけるし、
感じながらやっちゃいます。わかる？

映像ではなくて、家族の顔が浮かんだり、それから、これ（バイブレーション）を感じながらやる。
それだと、統合は起きないです。
それはもう、こっち（外を指さして）を選んでますから、外に意識を向けて、感じるほうを。
だから、あなたが方向性を決めないとね、答えになってますか？

参加者＊2　はい、わかりました、ありがとうございます。

AYAKO　いいですか？　はい。

おもしろくなりますよ。

もちろん、皆さんたちは自由なんです。
眠ることも、私たちは、本当にワクワクして眠ってきたし、

そして、目を覚ますことができる惑星になって、目を覚ますほうを選ぶことができます。

それに、現実っていうのは、私たちは無意識で、選んでますけれど、
映画のフィルムがあるでしょ。
1コマずつ分かれてるでしょ。

あれを、グウーって回すと映像って動くでしょ。わかります?
本当は、1コマずつ分かれてるんだけど、つなぐと映像ですよね。

だから、日常って、ずっとつながってるように見えてるかもしれませんが、
選択は毎瞬というのはそういうことで、次の瞬間も、眠るほうを選べば、現実はすごくリアルです。

次の瞬間も、外に意識をすれば、現実はリアルです。
次の瞬間も外に意識を向ければ、体験していることはリアルです。
次の瞬間も外に意識を向ければ、体験していることはリアルです。

1コマずつ分かれている毎瞬ですから、あなたが立ち止まって、
今までは、なぎ倒しながら現実の方に走っていったあなたが、

「そうだ、今、自分にとって、何が真実で、何が今、一番ワクワクするんだろう？
今という時を迎えて、目を覚ますこともできる惑星になってる地球で。」
……あなたの中が決まったら、「今まではそうだったけど、これからは目を覚ますほうを選ぼう！」
選択をするわけです。

そして、『現実は中立で、感じているのは自分の中だけ。』
そして、感じているバイブレーションを、体感していくのに使うのではなく、
それは、どんな形だろう、材質はすっごい硬くて、重量感もすごくて、それをはずしていくことができます。

もう、そういう統合をひとつでもやり始めると、ま、ひとつとか、ふたつとか、
あなたの意志で、完全な統合を起こし始めると、本当に、意識に隙間があき始めますから、
波がこう……入ってくるというのかな、高い音が入ってくるというのかな、目の覚めた。

そしたら、今度はあなたは、高いほう、目を覚ましていくほうに、
チャンネルを合わせることは、自分の意思でやってください。

高い音に触れよう、目の覚めた角度を入れようって。あなたの向いたほうしか入れませんからね。わかる？

まだ、こっちをせっせとやっている時には、高い音がどんなに来ようと入らないし、あなたが劣っているわけではない、チャンネルを合わせているのはあなただから。わかる？

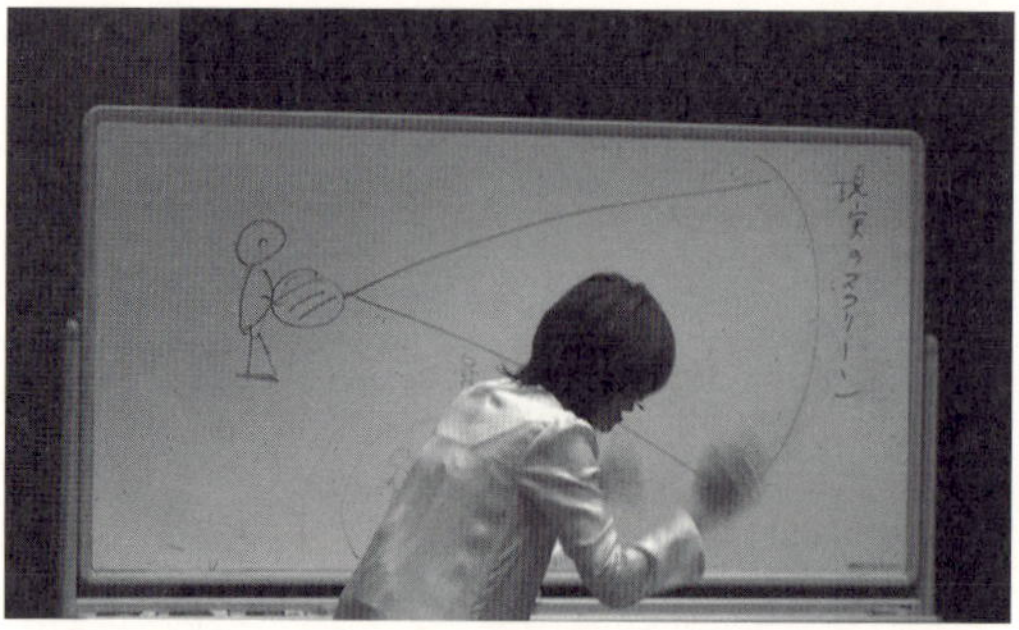

今、惑星は変革期で、もちろん、ウェーブは変化していく上昇気流です。

でも、あなたは、本当に、目を覚ましたいんだったら、こっちに耳をすます、
この高い音を入れていくというのをやっていかないと、最初は眠っているわけだから、
何世紀も眠ってきてますから、そういう環境を自分で選んでいってください。答えになってる？

でもね、すごい惑星になりましたよね、
そんなふうに目を覚まして、バリバリバリと割って、
自分の次元に出ていくことができるように、そういう環境にもなっているから、
私が深い眠りで体験していた惑星とは、もうまるで変わってしまいました。
私たちは今すごくいいところにいるということです。どちらも選べるから。
眠ることも選べるし、目を覚ますことも選べるということで、すごくいいところにいるということです。

AYAKO　どうでしょうか。他に何か分かち合いがありますか。
参加者＊3　高いっておっしゃってるのは、ハイヤーセルフとか高次の自己っていうことなんでしょうか。
AYAKO　そういう言い方もします。でも、あなたがあなたにつながっていったら、そこから見た高次とか、そこから見たハイヤーセルフではないです。本当にその存在になってきます。
参加者＊3　よくフラワーレメディで、高次の自己を目指して、少しずつ調整していったりするのも、やっぱり手助けにはなるんでしょうか。
AYAKO　あなたが、魅かれる、つまり自分が戻っていきたいって思った時に、魅かれるものを使うのは、とても合っていると思います。
参加者　はい、ありがとうございます。
AYAKO　どうでしょう、楽しんでいただけました？

一番楽しいのはね、自分の創り出してる現実で、自分が変わることで、現実はほんとに変わってしまうんだって、体験すること。

現実って、本当に決まりがなくて、流れていて、意識を本当に外に向けると固まって、あたかも、すごく起きてるような感じがして、それが体験しているって感じられる。波動が上がってくると……、現実はやわらかくなっちゃうんです。

あのね、現実がすごく硬いものに見える時っていうのは、すごく意識を外に使ってる時です。
あなたが、本当に自分に、外に使った意識を自分に戻し出すと、あなたに向かっていきます。

そうすると、現実はやわらかく感じるんです。
そして、こっちのほうがリアリティが出てくる、あなたの宇宙意識のほうが。

私たちの最高の才能は、
フォーカスしたほうを、リアルに体験するんですよ。
だから、外(現実)に意識を向けたら、ものすごいリアルに外を体験できる。

その意識を自分のほうに使って、
自分の宇宙意識のほうに使い出すと、
圧倒的にこっちがリアルになるんです。

だから、次の惑星に出たような体験になるわけです。
だって、やわらかいし、どうとでもなれるって体感しているから。

波動を下げて、体験するほうを選んで、うんとリアルに体験していって、
ああもう充分、この体験の仕方は本当に味わいきったなって思った時、あなたは大きな意識に戻ろうとする。

それもさ、今までは、体を脱がない限りは起きなかったことが、
今は、多くの意識の同意で、体を持ったまま、高い意識に戻ることができる。
今のこの惑星の環境は、すごい豊かです。

そしてあなたは、波動を上がらないように使っていた、
外に使っていた意識を自分に戻していくわけです。
ちょうど、バルーン(気球)の砂袋を上げるように。バルーンって砂袋を下ろすでしょ、上がらないように。

そうすると、だんだんかろやかになってきて、
同じシーンを見ても同じ人と会っても、まるで違った体験になる。
すごく楽しくなりますよ。自分が創り出した日常が、すごく楽しくなる。
どんなものを創っていても。だって、目を覚ますのに使えるじゃない。

どんなものを創っていても、
例えば、挫折感を感じるような、悔しさを感じるような現実を、あなたが創り出したとしていても、
本当に現実は中立です。

その体験してる地球のバイブレーションの「挫折感」であったり、

バイブレーションに名前をつけると「悔しさ」であったり。

でも、あなたはもう、バイブレーションに名前をつけて、外に意識を向けて、体感を大きくするのではなく、

このバイブレーションを手放して、つけていた分離の線を統合し、
自分につながっていくほうを選べば、だんだん意識をこっち「自分」に戻していけば、
現実は、本当にやわらかいものになってきます。

それが、日常で起こしていける。

日常っていうのは、あなたの創り出している現実の連続が、日常なんです。

だったら、すごい宝の山じゃない。

あなたが意識を外に使っている時は、
ああ、この現実変わらないかな、こんな現実になっちゃってって、そういうふうな体験をするでしょう。

でも、戻る時に使う角度は、『現実は中立で、感じているのは自分の中だけ。』
そして、今の自分は、もうこれを体感にいくんじゃなくて、
これを形にして、手放して、自分に戻っていこうって。

あなたの日常という創り出している毎瞬の現実で、それを起こしていく豊かさってすごいですよね。

まるで、まるで、この惑星での存在の仕方が変わってしまいます。

そういう人がいっぱい出てきたら、眠ってはいられなくなる。

波動を下げるのは大変だったんだもん。うんとうんとフォーカスをこっちにして、外にして、外にして、外にするから、波動を下げ続けることができたのに、高い音がポンポンポンポンポン出始めたら、もう、気を抜くとそっちにいくし、みたいにね。

長い歴史眠ってたわけだから、目を覚ましたい人は、高い音に触れようとします。私もそうであったように、高い音に触れ続けるということが大切です。やっぱり眠ろうとしますからね、だって何世紀もやってきてますから。こっち(宇宙意識のほう)に戻していくには、高い音に触れて戻していくっていうその角度を入れていかないとね。

そんなに急に、眠っていたのにポンといったら、すごいことでしょ。それはしないです。そんないっぺんにいったら、逆にものすごいショックを起こしてしまいます。

本当にひとつずつ、こうやって外に向けていた意識、矢印を自分に戻していくことになります。

だから、日常がすごく楽しいってことです。眠った角度で言ったら、いいとか、悪いとか、成功したとか、失敗したでしょ、目を覚ます角度だったら、逆に失敗のほうが、その使ってたそのバイブレーションを手放せるんだもん。

ちょっと考えてみてください、たとえば、さっきおっしゃっていただいた、なんでしたっけ？　悔しいでしたっけ？その『悔しい』っていう地球のバイブレーションって、その事柄だけで体験したことじゃないですよね、何度か体験してますよね、生まれて初めてっていうことないですよね(笑) ですよね。

つまりこれを本当に手放していくと、そのバイブレーション自体、
あなたの中になくなってくるから、そういう現実の創り方がなくなってしまうんです。
でも今までは、その現実によって感じてると思ってたから、
悔しい思いを外にぶつけたり、外(現実)を変えようとしたり……、
でも、このバイブレーションは、全然あったままなわけです。

または、さっき、皆さんの中で言ってらした、否定的って、マイナスとかおっしゃってましたけど、
そういうものが出てくると押しやったりとか、抑え込んだり、なかったようにすることが大人みたいな、
わかります?
そうすると、そのバイブレーション自体はあるわけだから、またそれを使って映像化したりしますよね。
だから、何度も出てくるわけです。わかります?

でも、外ではないんです。外だと思っている限り、これ(このバイブレーション)は消えないんです。
外だと思っている時は、これ(バイブレーション)はリアルになってきますもん。
これ(現実)とこれ(バイブレーション)をくっつけるから。この出来事によって『悔しい』ですもんね。

まさか、現実は中立で、体感しているのは自分の中だけで、
その地球のバイブレーションで、それに名前をつけると『悔しい』だけど、
この小さい時から何度か体感じたこのバイブレーションを、手放していけるんだって、感動しますよ。

だって、私たち、完結していってしまうんですもん。
長い歴史を終えていくんですよね、この地球での存在の仕方。

波動を下げて、自分と離れて、
リアルに外を見て、出てくるものバイブレーション(フィーリング)をリアルに体験して、
この事柄とこれ(フィーリング)がくっついて、これによってこう、このことで疲れたとか、このことで……、
本当は違うんですよ。

現実は中立なんです、いつも。
でも、その使い方を始めないと、いつまでも(現実とフィーリングがくっつく手振り)……(笑)

でも感動はね、今まで、これだけは感じたくないっていうような現実を、あなたが創ったとするじゃない。
この感覚、やっと忘れてたのに……、こういうのって、すごいワクワクしてください(笑)
眠っていく角度だったら、それはもう、嫌なことですよね。

でも、目を覚ます角度だったら逆じゃない。
このフィーリング、長いあいだ持ってた……、これ感じたら、押しやりたくなるようなバイブレーションを、
今、おもてに出すことによって、手放して、つけた分離の線が消えていくんだって。

ああ、波動を下げるために、分離した時に生み出したこのバイブレーション、これ地球のだったんだ……、
これはまるで自分のものだと思っていたけど、

このフィーリングは、自分が波動を下げる時につけた分離の線から生まれた、地球のバイブレーションだったんだってことがわかるときの感動は、すごいですよ。

感動していくんですよね、目が覚めていく時って。

大がかりなマジックの種明かしを見ていくような、すごい感動が起きていきます。もうほんとに感動していく。ましてや、自分の大きな意識につながり出したら、すごい深い感動とエクスタシーが起きていきます。

バシャールとのコラボのＤＶＤの中で、本にも書いてあったと思うけど、
「あなた方が、自分がどんな存在かを思い出した時、感動して泣いてしまうでしょう、
あまりにも美しくて……」っていうくだりがあったでしょ。
本当なの、それが、日常で起きていくんです、

今まで、眠りの角度は、腹が立ったり、それからもう悔しい思いをしたり、
もうヤダと思ったり、そういう体験の仕方、存在の仕方だったのが、
目を覚ます角度の生き方を始めると、これが感動になっていくわけ。

長い歴史が終わっていくんだ……、こうして、体験するほうを選んでいたけど、そこに意識を使うんじゃなくて、
つけた分離の線を統合していこうって、つながっていく時の感動、
そしてシフトを起こして、だんだん上がってくると、
自分がやってたことが、ほんとわかってくる、見えてくるので、それはすっごい感動です。

だから、使い出した人は、感動して生きています。
生き方にし始めたら、１日でもすごいシフトを起こしていきますから。
だって、無駄にしないじゃない、創り出した現実を。

それに、だんだん上がってきますから、
ほんとに違う惑星に出たように、時空間が、概念のない、透明感あふれる時空間になるし、
そして、見えてくる。

多くの意識が同意して、この惑星は変わっていってしまうんだな……。
いずれ、2012年にはすごい波が来るんですけど、それはシフトしていく波。
で、あと10年くらいすると、もう多くの意識で、今度は次の地球を選んで、
概念のない、分離のない磁場の惑星を選んで、移行していくんだなということまで、自分でわかってきます。
そういう意識が生まれるから、本当にそれを起こしていくんです。

あなたにつながっていったら、本当に制限の磁場から出て行ってしまいます。
あなたの中を統合していくだけで、あなたにつながっていくだけで、
あなたの波動は上がっていきます。

なぜなら、あなたが分離をして、波動を下げてますから、
だから、ワクや法則を感じられる地球の概念の中から、
出ていく人が生まれてくるんです。

ベアとの対談の中でも話してましたけど、
出てくるともう全然視界が変わって、もうこっちが見えてきますから。
この無限さ、体を持っているのに体験するのは初めてです。
こっちに出ていきます。

ここ(概念の中)で体験していたのが、それを手放し出して、
これがあなたの、私たちの意識で、本来の大きな意識です。

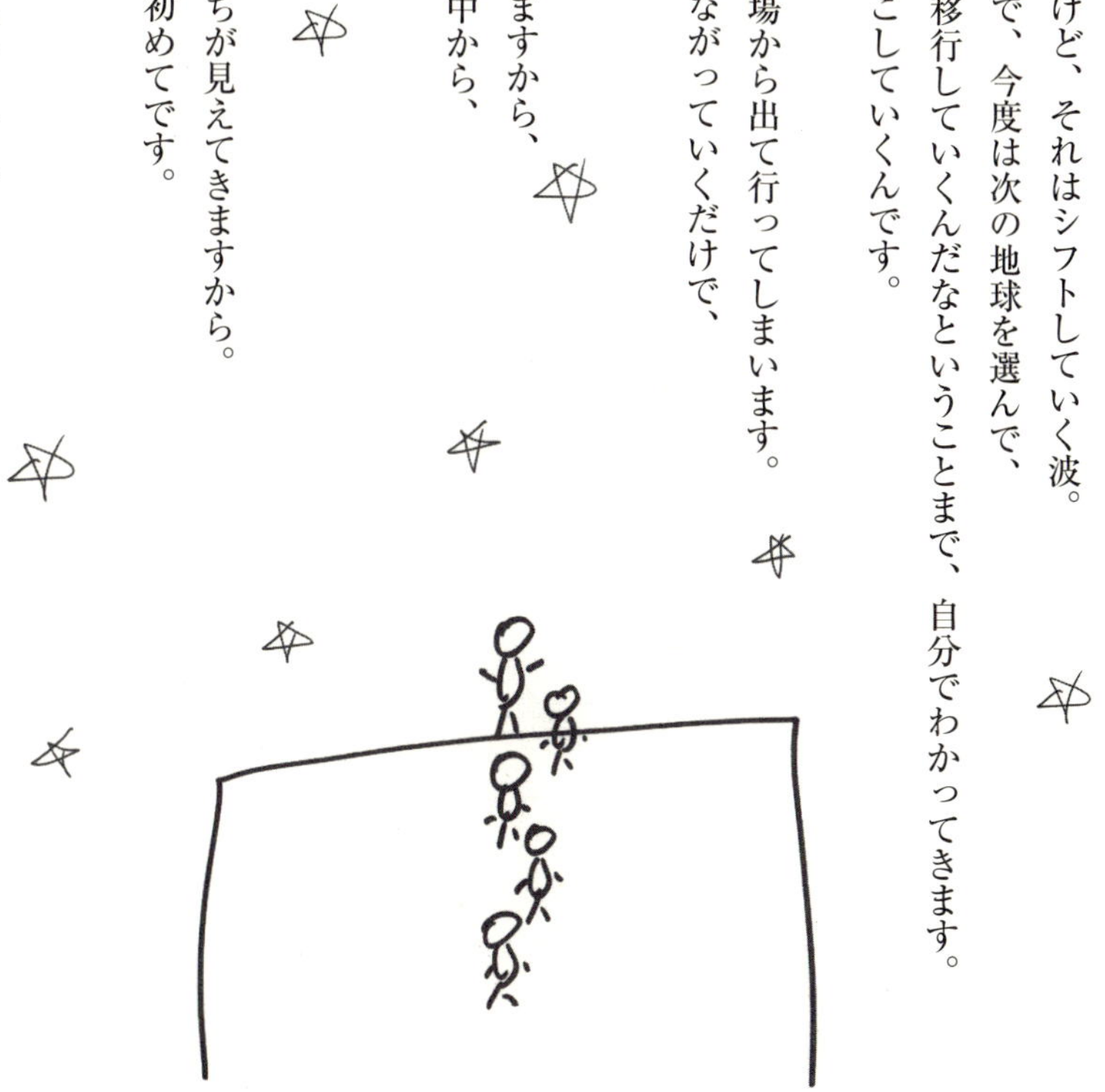

ではちょっと、最後に、皆さんでひとつ統合しましょう。

では、自分の中に出てきているもので、もう惑星くらいの大きさの、真っ黒の鉄。
真っ黒で重量感がすごくある、ガチッと硬い、中までものすごく密度のある鉄です。
これ、地球の、ふるーーい、私たちが本当に波動を下げるのに使ってきたバイブレーションの
大きな大きなひとつです。

どのぐらいの大きさか、大ーきくていいんですよ、
ずっしりと重量感のある鉄の、中までガチッと硬い、黒光りする鉄、
ちょっとこう表面がボコボコしてるように見えるかもしれない、惑星みたいに見える人もいるでしょう。

いいですか、じゃあ、両手でそれをはさんで、何億トンもある、古い古い地球のバイブレーション、
はい、それをスコーンと前に出してください。
古い古いエネルギーだってわかります。

前に出たずっしり重量感のある球体を、きれいな球体にしてください。
ツルンとした、ずっしり重量感のある球体。それをスロープにのせましょう。

スッと両手を放して、重みでゴロゴロゴロゴロ……と、きれいにまっすぐ転がっていって、海へドボーン。
深呼吸。

前をパターンと大きくあけて、
残りをひとつ残らず、あなたの意識のすみずみからシュッと集めてきて、
ガチッと、ずっしり重量感のある球体になるのを見てください。

古い古い、地球のバイブレーションです。
地球で私たちが使ってきたバイブレーション。
ずっしり重量感を感じて、スコーンと前に出すと、大きな風穴があきます。

前に出た、ずっしり重量感のある球体を、はい、スロープにのせましょう、
そして、スッと両手を放すと、重みでゴロゴロゴロゴロ……ときれいにまっすぐ転がっていって、海へドボーン。
深呼吸してください。

大きくあいた風穴に、前から後ろにふわーーーっとと、宇宙と同じ何の法則もない風を通してあげてください。

そして、あなたの足もとに、光の波紋が幾重も幾重も広がっていくのを見てください。
湖に小石をポトン落とすと、波紋が幾重も幾重も広がっていくでしょう?

そんなふうにあなたの足元から、光のウェーブが幾重も幾重も幾重も広がっていくのを見てください。

東西南北、地平線まで広がる、光のウェーブでできた磁場があります。

ものすごい壮大な広さの磁場に、しっかりと立って、
大きくあいた風穴に、風を通してあげながら、
あなたの足もとから、光のウェーブが波紋のように、光の波紋のように、
幾重も幾重も幾重も幾重も、広がっていくのを見てください。
なつかしーい風が通ります。もとはひとつだった、満ちたエネルギーが。

私たちは今、大きな意識に戻っていこうとしています。もとはひとつだった、意識。

この惑星に降り立って、何世紀も眠ってきました。
そして今、ここにやってきた意識の、多くの意識が同意して、
「波動をうんと下げて眠ってきたけど、もとの高い意識に戻ろう」

同意が起きて、磁場がゆっくりですけど、この惑星自体の磁場が上がってきています。
次元が、三次元から四次元に、ゆっくりと。

あなたもこの変革していく惑星に立って、その時を迎えて、
今の自分が、惑星のバイブレーションを、分離から出てくるバイブレーションを、もう十分味わいきって、

概念のない、もとの自分の次元に出ていこう、高い意識に戻って、
大きな意識で、自由な意識で、この惑星に存在をしよう。
そんな生き方が始められる惑星になっています。

自分に耳をすまして、方向を選んでいいんですよ。

こうやって、幾重も幾重も、光の波紋が、
この東西南北、見渡す限り、地平線、水平線まで広がる豊かな光のウェーブのアンフィニの磁場で、
あなたから光のウェーブ、波紋が幾重も幾重も起きていっています。

風をとおしてあげながら、
今日帰り道に、気がつくと、あなたから光の波紋が広がっていってるのを見てください。

そして、この光でできた磁場、アンフィニの磁場に立って、その磁場の上で帰っていってください。
磁場の上で歩いていって、自分のからだから、光のウェーブが、
幾重も幾重も、光の波紋が広がるように広がっていくのを、
解き放されて、自由になっていくのを、体感しながら帰ってください。

もともと私たちは自由な意識なんです。
大きな意識、制限のない意識、長い歴史この惑星に降り立って、波動を下げて制限を体験してたんです。

今、解き放されて、あなたから広がっていくウェーブが起きていっているのを、見てあげてください、
許してあげてください、広がっていくのを許してあげてください、
本来のあなたの呼吸です。

いい時間にしてください、今日。あなたのいい時間に。


長い歴史を終わらせることができる、この惑星に立っていることも、意識してあげてください。

広がっていくエネルギーを、そのまま広げてあげてください。


光の波紋が、幾重も幾重も広がりながら、光でできている磁場の上で歩いて帰ってください。

電車に乗ってもいいです（笑）

でも今日はずっと、この光の……、
東西南北、もう見渡す限り、ものすごく大きな、光でできてる、波打っている磁場にしっかり立って、
そこで存在して、そこで過ごしてください。

あなたから、光のウェーブを出しながらね、

ほどけていくものがいっぱいあると思います、ね。

自由になっていく呼吸を、復活させてあげていいんです。

もともと私たちは自由だから、大きな意識だから。

あなたが見てあげることが大事、広がっていくウェーブを。

いいよー、風を通しながら、ウェーブをこうやって出しながら、
光でできてる、波打ってる磁場の上を、どんどんこう歩いて、家の中も、
あなたの生活環境は、全部、磁場の上で見るといいでしょう、ね。

概念のない、法則のない磁場ですから、地球の磁場ではないです、
分離もない、概念もない、宇宙と同じなんの法則もない磁場ですから。

いい時間を過ごしてください。
はい、今日は楽しんでいただけました？

会　場　はーーい！

じゃあ、いい時間をね、またお会いしたいと思います。
ありがとうございました。

（拍手）

Chapter 2　新しい惑星の学校

クラスの時空間は、既に変革を成し遂げた、新しい地球。
地球で長い歴史を終えて、高い意識に戻ろうと決めた意識たちが集まって、
高い音を入れ、シュルシュルと制限をほどきながら、概念の磁場から抜けていく。

アンフィニ　マスターコース　1日目　2010・2・11

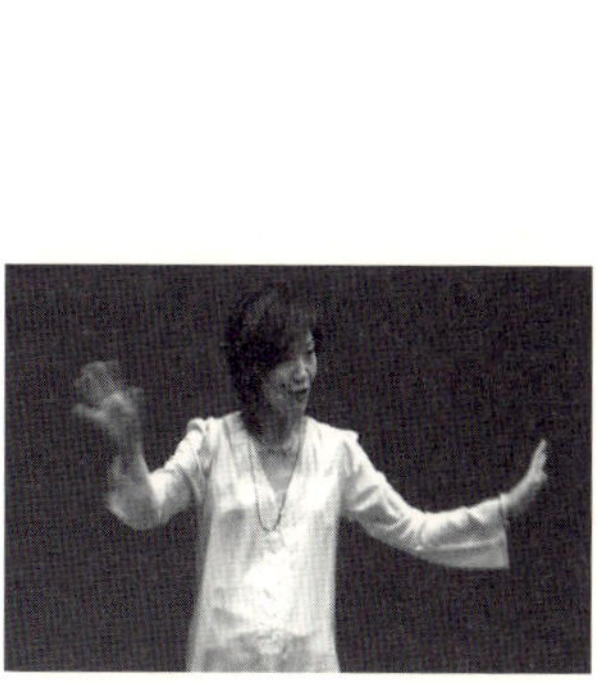

こんにちは！
今、皆さんたちが感じていらっしゃるように、この惑星は変わる時を迎えていて、
今までのやり方とか、概念や観念、それらが崩壊していっていて、
本来の自由な、概念のない意識を使って、この惑星で存在することもできるようになってきています。

ものすごく変わってしまいましたね、この惑星。

すごいですよねって、もし感じていなかったら、もしかしたらあなたは、概念の中にしっかり入っているのかもしれない。これが割れてきたら、この惑星の今の変わりようは、びっくりすると思いますよ。

本当にすごいです。そして、かんたんさやシンプルさが主流になってしまいます。

本当にもう、変わってしまう。

私たちは概念の中にずっといたから、法則どおりの見方が、まるで自分の考えのようになっていて、
これは自分の感じ方なんだって思って、長いこと使ってきたんですよね。教わってきたことなのに……。
本当に終わろうとしていますね、そういった、ものの見方や考え方が。

皆さんたちがこのワクや法則、概念の次元から出て、自分の次元に出ていくと、無限のものの見方が始まります。

そうすると、全然角度が違って、もう無限の可能性からものが見えて、どうとでもなることがわかって、
それも知識じゃないですよ、体感で、実際リアリティが出てきます。

どんどん出ていったら、圧倒的にリアルになるんです。

眠ってたのがすごかったって、わかってきます。

で、そういう人たちが出てくると、ものの見方、表現の仕方がまったく変わってきます。

ひとつの例題として話をしたいんですけれども、知人の会社で働いていた女性がね、私がこんなふうに、新しい生き方をいろんなところで、国で、話しているって聞いて、興味はあったんだと思いますね。で、そういういろんな今までと違うものの見方があるんだなあ、みたいなぐらいだったと思います、たぶん。そんなに接点は近くはなかったから。

その彼女が、結婚して、妊娠して、それで、会社を辞めることになってね、それで、手紙が来たんです。その手紙は「今まで誰にもこの話をしたことがなかったんですが……」で、始まっていました。彼女のお母さんは耳が聞こえないそうなんですね。今回自分が母親になるにあたって、小さい頃からずーっと、お母さんに対して、どこか押しやって感じないようにしていた思いが浮上して、胸が押し潰されそうな感覚が、ずーっと出てきていると。

お母さんが耳が不自由なことで、自分が嫌な思いをしたことはないけれど、小学校の時、運動会や参観日に、お母さんが学校に来た時に、彼女はどんな思いをしただろう、先生の話がわからなくてどんな思いをしただろう、それを考えると、ここ1ヵ月くらい、もう夜も眠れないって。大変な思いをしたんじゃないか、あの時はこうだったんじゃないかって、そんな思いがどんどん出てきて、もうすごかったらしいんですよ。それで、思い切って、私に手紙をくれたらしいんです。

私はそれを読みながらワクワクしたんですよ。彼女にとってみれば夜も眠れないし、もうお母さんはこんなふうに不自由でって、書いてあるんですけど、私、その手紙を読んだ時に「え？　なんでそういうふうに見えるんだろう」って思ったんですよ。

私には、まったくそんなふうには見えないから。

彼女は、耳が聞こえないということは、「きっと、こうだろう」って思っているんですね。


きっとお母さんは、概念を入れない、本当に雑音を入れないことで、自分の中から湧いてくる感性を、自由に感じる時間があったはずです。アーティストがそんな時間をわざわざ取りますよね。

雑音が入らないから、すごくストレートに自分のサインが聞けるし、本当がわかるし、真実がわかるし。

地球でまわりの人が法則を話していても、自分は真実がわかっていたり、そういうことが起きてるわけですよ。

私は、とてもワクワクしたし、お母さんにそういう才能があるのがわかるんですね。


そして手紙に、「お母さんには、たぶん、あなたが笑ってたりとか、ものすごくしあわせっていうエネルギーを出してたら、それが一番のギフトだよね」って。

「だから心配するより、しあわせでいてください」って書いたのだけれど、実際そうなの！


波動しか、みんな受け取ってないの。言ってることなんて、みんな入ってない！

その人が出してる波動しか伝わってない。楽しそうに見えたって、「楽しくない」の波動しか伝わってない！

みんな波動しか共振し合ってないの。だから、笑っていたり、しあわせだって感じていたら、その波動は出てる。


お母さんが大変だったんじゃないかっていう電波は、どうなんだろうって思わない？

そうやって共振し合ったり、影響し合ったりしてるのは、電波なの。目に見えない波動。

目に見える形や、言ってることや、事柄とかではないです。本当にそうなの。

「私は、お母さんはとても豊かな人だと感じるよ。きっと自分の本当の感性をそのまま感じれて、アーティストのように豊かな感性を持っている人だと思うよ。お母さんと話してごらん。教わったとおりの、ものの見方をしていると、『本当』が見えなくなるよ。」

そしたら彼女から、おととい返事が来たんです。ここに持ってきているので少し読みますね。

「あやこさん、お手紙をいただいたのに、お礼を書くのが遅くなってしまって本当にすみません。いただいたお手紙を読んでいて、なぜだか、ずっと涙が止まりませんでした。20年以上ずっと背負っていた、大きな重い石がスッととれたような気持ちでした。

確かに、雑音が入らない世界で生きている母は、私たちのように、余分なことを考えることなく、ストレートに生きていられるんですよね。だから母は、不幸な人生でもなく、かわいそうな人でもなく、私たちと同じ、むしろ、もっと充実した生き方が出来る人なんですね。

私が今まで考えてきたことが、ひっくり返った気がします。だから、これからは母のことを考えて、心を痛めるのではなく、同情心を持つこともなく接していけそうです。

あやこさんに相談できて、本当によかったです。自分が今まで、視野に入れてなかった、まったく未知のところから光を当ててもらえたような、そんな、初めて体験する感覚でした。本当にありがとうございました」

これで、二十数年来、彼女が持ち続けていた心の重しがなくなったわけです、わかります？

私がバシャールと出会った時に、すごい眠ってましたよね、私。

でも、本当の音っていうのは、確かさがあるわけですよね、わかる？

もう、すごい眠っていても確かさがあるわけ。真実って、やっぱりワクワクするものなんですよね。

「ワクワクすることを選択してください。それがあなたにとって真実だという翻訳された波動がワクワクです。」

え？　それが本当だったら、どんなにすごいだろう……。私たちが想像してなかった角度がポンと入ってきた時、すごいワクワク感とともに、アクセスができ、そして、目を覚ますきっかけが起きるわけですよね。


そんな音が、この惑星で、どんどん出ていったらどうでしょう？

この惑星で生み出すものが変わるでしょう。不自由になる必要も何もないし。

そんなことが起きていくのがありありと感じる、そうですよね。

彼女からお返事をもらう前に、この話をスタッフと話していたら、
そういう音は、今までの概念を割っていく音だって、バシャールが言ってたって話になったんです。
バシャールが言っていたのは、そういう肯定的なものの見方をする人たちが増えてくると、
もうハンディキャップをやってそういう世界を自分で持ってたりとか、感性を守ったりとかする必要がなくなる、
つまり、ハンディキャップをして生まれて来なくてもよくなることが起きるということを言っていたんです。
そして、そんな見え方をする人たちが、どんどんどん増えてくると、それが当たり前になってきて、
そうすると、わざわざ耳を聞こえなくしたり、どこか不具合をして、そういうものを得る必要がないから、
病気とかを創る必要がなくなるって。

あ、本当にそうなんだなって、確かさが私に起きて、
やっぱりこの角度の見え方っていうのを、どんな人の前でも話そうって思ったわけです。

１０人が、この法則の中の、ものの見方を話していても、私はこんな見え方がするっていうことを話そうって。

それはギフトになるし、今までの歴史を割っていくんだなっていうのは、すごく確信だったんですよ。

そしたら彼女から返事が来て、実際こんなことが起きていたから、なおさら確信になりますよね。

だって、私はどうしたらいいって、アドバイス的なことは一言も言ってないんですよ。
ただ、こんなふうに見えるけどって、私の見え方をそのまま話しただけです。
２０年前、バシャールと出会った時のセンセーショナルも、その光の当て方が、
今までに聞いたことがない角度なんだけど、まったく自分の中の選択の中になかったものがポーンときて、
えっ、そんな見え方するんだ！　って、割っていきましたよね。

だから皆さん、自分につながってきたら、遠慮なくあなたの感性を表現していってください。

みんなと一緒になって、みんなと法則を語り合っても、眠っていくだけです。

本当に目を覚まして、そして見えてきた角度を話し始めてください。私はこんなふうに見えるよって。

そのうち、それがナチュラルになっちゃう。私はポジティブな見方をしなきゃといって話したわけではないから。


実際手紙を読みながら、どんなに悲惨かって書いてある手紙を見ながら、ワクワクして、

「えー、こんな見え方がするんだー、そういえば地球ってそうだったなー」って思いながら。

え、そんなの、私には、こう見えるのにっていうワクワク感でしたから。

そうなっちゃうから、私たち。

私たちは眠って創り出してきたのよ、この惑星。もちろん同意をしてね。
足りない人がいるような、力のない人がいるような、あたかも自分に力がないような、
そんな惑星を創り出すことが出来たんですよ、でもそれはもう終わりです。
なぜなら、私たちが選んだから、目を覚ますことを。

だから、どんどん螺旋を描きながら、高い意識に戻っていきます。

そして、今度はハーモニー、調和のもとに、誰もが豊かさを感じる、さまざまなものを生み出していく。

そういう存在になっていくでしょう。


「こういう見え方をしなきゃ」じゃない。ポジティブシンキングじゃない。

本当に、そういう見え方になっちゃうの。今までの概念を超えちゃうからね。

そしたら、どんなに素晴らしいかが見えてくる！　本当に見えてくる。

結局私たちは、ものを教わったとおりに見るから、ハンディキャップ＝不自由だと思っているでしょ。

だから、本当が見えないわけです、本当の才能とか見えないわけです。

要するに、形どおりに見るものの見方を逸脱して、本当に肯定的な見方、
別にポジティブにしようと思っているんじゃなくて、本当にそう見えるわけ、わかる？

概念を通さないから。

私にはハンディキャップは不自由って概念がないので、その才能、真実が見えちゃうわけですよね。

だからそれを話すじゃないですか、そうすると、聞いた人はそれが動くんです、本当に。

そうだよ、影響しあうのは音なので、与えた意味を体験しているだけだから。

この惑星が、不自由さを創らないで、感性を自由に壊すことなく使えるようになってきたら、
誰も体の一部を不自由にして、そっちをやろうとはしないでしょう。そうなってきますよ。

病気もひとつのサインですからね。
病気の前にいくつかサインがあるはずなんだけれど、もうサインを無視する人が多くてね。
本当は〝違うことをやってる〟って、すごいサインが来ているんだけれど、
あまりにも目先のことに、「これもやってしまわなきゃ」「明日までにやらなきゃ」みたいな。

その忙しさのエネルギーで、どんどんどん現実を創り出しているのは、自分なんですけど。

そんな見え方しないから「もうとにかく、あのことをやっていかなきゃ、やっていかなきゃっ！」

何かに追われるようにやっていって、サインなんて聞こえない。

だから大病をして止まるようにして、自分に時間をあげて、
立ち止った時に出てくる、いろんな不安と正面向いたりする人もいる。


もし自分の寿命があと3ヵ月だったら、あんな忙しい毎日で3ヵ月終わらないよね。

終わってもいいんだけどね。体を脱いだ時「あー、忙しさを体験したっ」で終わるから。

「地球のあのバイブレーションは、特別だったなあ！」で終わるからね。

私たちはこの惑星で波動を下げて、
眠ることを選んで、密度の濃い制限の磁場に入っていき、制限を体感し、
自分と離れることで、地球のさまざまな法則やルールや、概念のバイブレーションを生み出して、

生み出すだけじゃなくて、
そのバイブレーションのひとつを選んで映像化をして、
そしてもちろん意識は外に向けるから、その映像がすごくリアルに、
現実はものすごく起きてるって、圧倒的に凸凹感もあるし、リアルに体験ができる。

外に外に意識を向け、自分と離れて、離れれば離れるほど、出てきたバイブレーションは、
あたかも、すごく今、起きてるように体験できるからね。やれてたでしょ。どう?

例えば、挫折感ってさ、ただのバイブレーションだって思ったら、全然そんなドラマはできないよね。
挫折感は「挫折感」として感じないとね。

あなたが高い意識だったら、

地球のバイブレーションは、どのバイブレーションも、
「挫折感」であろうと、「悲しみ」であろうと、「力のなさ」であろうと、
ドレミファソラシドの「ド」と「ソ」と「ファ」の違いぐらいで、
地球の、ただのバイブレーションとしてしか見えない。
そしたら、全然、体感できないでしょう。

どうやったら、体感できるか。

それは、外に外に意識を向けて、
あなたがうんと自分と離れていくこと、
波動を下げていくこと、分離を強烈にしていくこと。
波動を下げれば下げるほど、単なるバイブレーションが、
ざせつかん、ざせつ感、挫折感、「挫折感!」ってなっていきます。

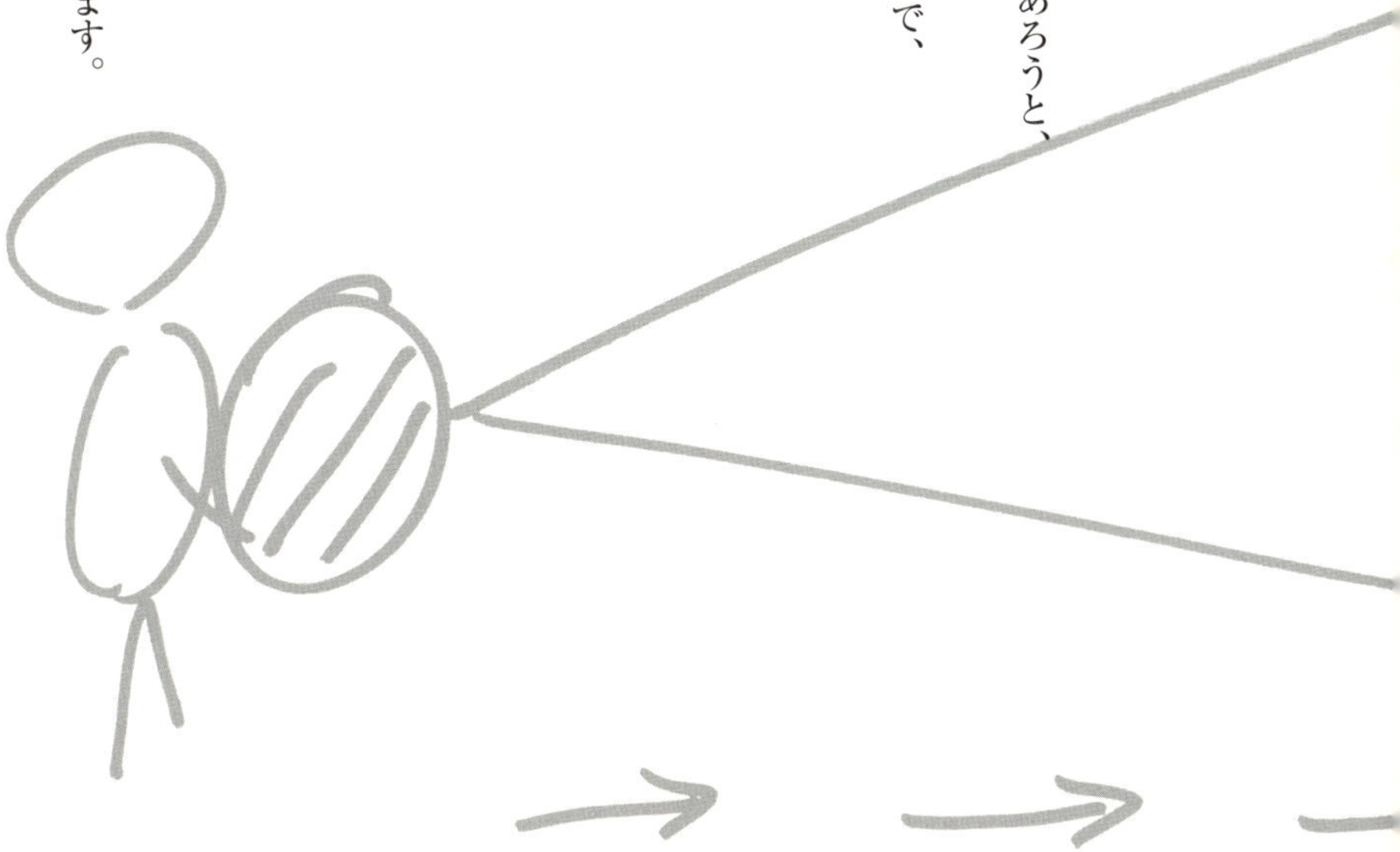

高い意識でいれば、
ただの地球のバイブレーションだってわかります。
挫折感であろうと、不安であろうと、恐怖であろうと、
力のなさであろうと、孤独であろうと、ただのバイブレーションとして見えます。

でも、ひとたび自分と離れていけば、
それは少しやんわり、ちょっと色がついたように、体感が始まります。

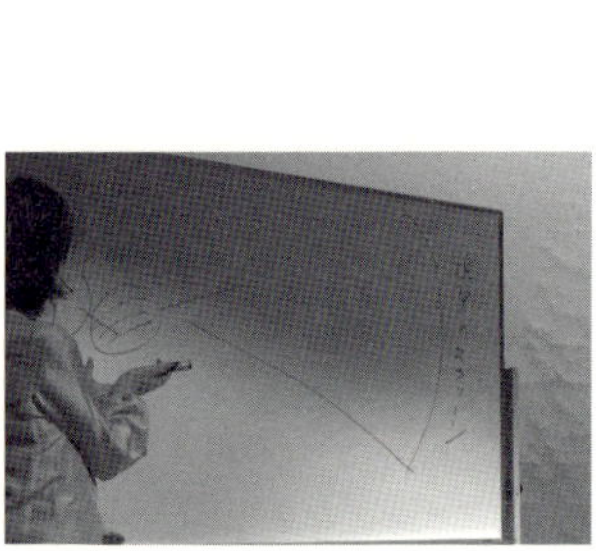

もっともっと、外に意識を向けると、どんどん自分と離れていきますから、
そのバイブレーションが、なんだかすごく強く体感できるように、
だんだんだんだん、ドラマティックになっていきます。

そして最後には、現実とくっつけられるでしょ。
これによって、これを感じる。

このことで、こんな思いをしてる……。

これを見て、挫折感を感じてたと……。

この現実というものが、
ただの映画のスクリーンのように中立で、ただの映像だって気づいてしまったら、
あなたが体験したかった挫折感は、『挫折感』としては感じれなくなっちゃいますよね。

凸凹感があって、実際起きてるっていうリアリティがあるから、
あなたはそれを見て、嘆くことができたり、体感したりすることができる。

もちろん体感するには、あなたとうんと離れないと。

あなたにつながるということは、波動が上がってしまうので、
『挫折感』ですら、本当にただのバイブレーションになってしまいます。
この惑星で、自分と離れて生み出した、ひとつのバイブレーションだってわかってしまいます。

自分との分離を統合して初めて、私たちは波動を上げていくことができます。

でも外に意識を向けたまま、そのバイブレーションを統合しようとしても、
意識を外に向けた時点で、それはちょっとリアル感が出て、少し感じながらの統合になる。
つまり、ただのバイブレーションになってないですね。感じるものになってます。

そうすると、感じるものには、いい悪いの判断をつけられるから、
「これを早くはずしたい！」ってなります。

それは、あなたが戻っていく角度ではなく、
この地球の磁場の中で、「これが嫌だから、早くはずしたい」って、
制限の磁場から抜けていくことは起こしませんね。

皆さんたちは、地球でずーっと長いこと眠ってきたわけですから、
当然、波動を下げて、いろんなものをリアルに体感しているはずです。

まず、どんどんどんどん、右に旋回しながら降りていって、だんだんだんだん窮屈なところに入っていったのを、
今度は、左に旋回しながら、それをほどいていく必要があります。
制限の磁場のバイブレーションを、ほどいていくんですね。

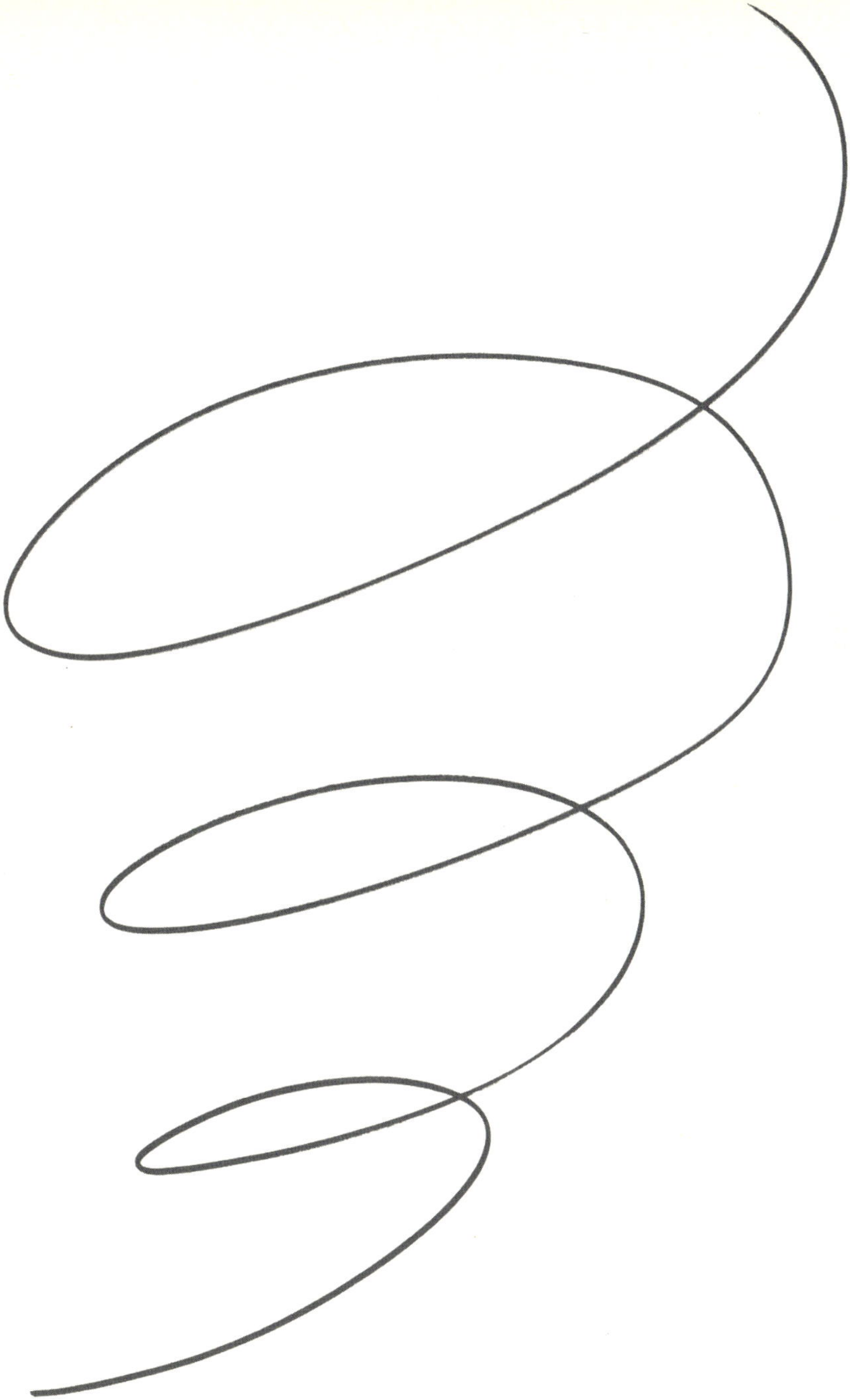

これ地球ですね。

地球のまわりを包み込む大気圏のように、私たちが分離から生み出した、
たくさんのバイブレーション、法則であったり、ルールであったり、概念であったり、
そのバイブレーションを共振し合っている磁場があります。

眠るということは、つまり、皆さんたちはこの磁場に入り、
分離から生み出したバイブレーションを共振し合って、この惑星の磁場にいるということ。

目を覚ますということは、この磁場から抜けていくことになります。
観念や概念や法則やルール、さまざまなバイブレーションで生み出した磁場から出ていくことになります。

ここ（地球の制限の磁場）から見れば「出ていくんだー」って見えるかもしれません。
でもここ（制限のない高い意識）から見れば、もとの大きな意識へと戻っていくんです。

もともと大きかった意識、無限に自由な高い意識を下げたのですから。
もちろん波動を下げたことを、分離したことを忘れ、それを記憶喪失にし、それを忘れ、記憶喪失にし、
それを忘れ、記憶喪失にし……、わかるでしょう（笑）

ここに出ていくには、皆さんたちが波動を下げるためにつけた分離の線、

あなたの完全なプリップリのエネルギー体を分離していったわけですから、
それを統合して、波動を上げていくことになります。
その統合のメソッドがアンフィニでもあるわけです。

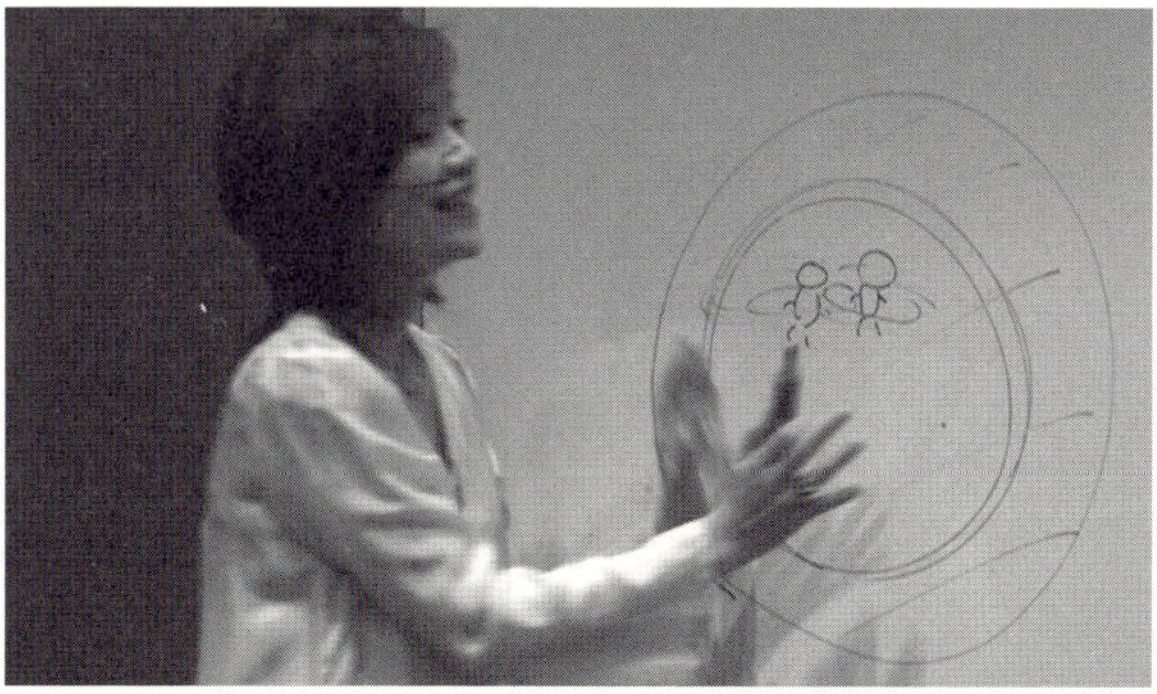

この絵は、皆さんたちはもう見てますよね、一度は。

これ地球です。
そして私たちが、完全な意識体で宇宙にいた時に、
この惑星に遊びに来たくて、コンタクトを取ります。
完全な、プリップリのかろやかなエネルギー体では、
波動が高すぎて、当然、
ここ(地球)に降り立ったままではいられません。

一時降り立っても、すぐ上がります。
一時降り立っても、すぐ上がります。

なので、この惑星の特質である分離という、この惑星の特質を使って、
皆さんたちは完全なエネルギー体を、自分の完全な意識を分離して、波動を下げていくことを選びました。
分離をしないと波動は下がらなかったんですね。

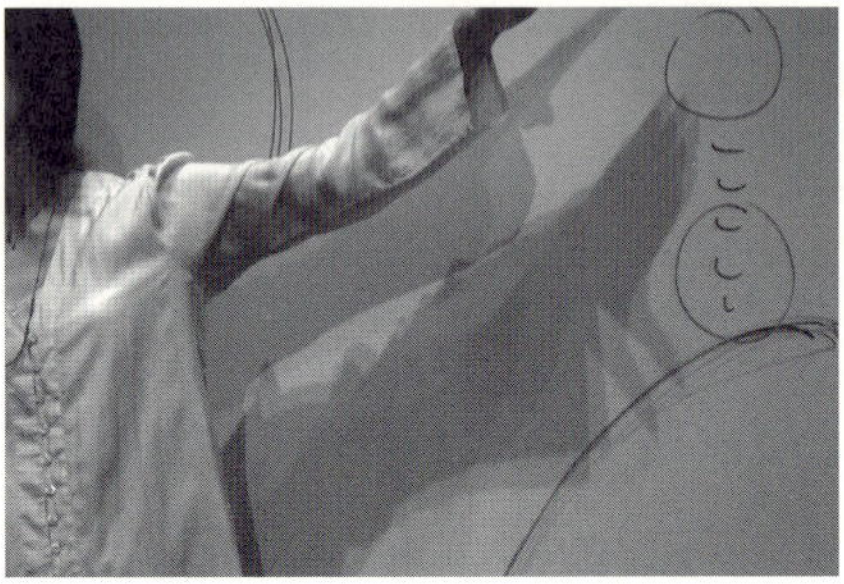

ましてやプリップリのエネルギー体の、満ちた、かろやかなあなたの波動では、
この惑星の三次元という磁場に、一時降り立ったとしても、すぐ上がってしまう。
一時降り立ったとしても、すぐ上がってしまうので、存在ができなかったわけです。

そして今、体を持ってここにいらっしゃるということは、

皆さんたちは地球に存在することを選んだということになります。ワクワクしてですよ。
もうね、完全な波動って、ワクワクしかないくらいワクワクなんですよ。
すべてがワクワク。何をやってもワクワクするわけです。

「地球はきれいだな。先に遊びに行った人たちも楽しそうだし、自分も行ってみたいな」

でも、波動がなかなか下がらない。先に地球にいる意識（人）に訊いて
「この惑星の特質である分離を使うといいよ」って教えてもらって、分離し始めたわけです。
そして、私たちは分離するたびに、この惑星のバイブレーションを生み出したわけです。

分離の線を一本、あなたにつけるたびに、生み出した地球のバイブレーションが、
先ほどから言っている、地球でいうと、この惑星でいうと、
どちらかというとネガティブと呼ばれるバイブレーション……、

宇宙では、ネガティブもポジティブもない、ただの波動ですよね。
地球でいうと、分離から生み出した「孤独感」とか「さみしさ」とか「不安」「心配」「力のなさ」「嫉妬」とか、
あなたが感じた時、ちょっと居心地が悪いと感じる、そういったもの、
長い歴史、自分の性格のようにすら感じれるような、
今まで皆さんたちが、普通に感じれてたものが、すべて、この惑星のバイブレーションなんです。
さっき言った「挫折感」とか……、これ私、好きなの、「絶望感」！
絶望感っていうのは、漢字で書かないと気が入《はい》らないのよね。

例えば、ひらがなで「ぜつぼうかん」って書くでしょ。ちょっとなんか気持ち入れられないでしょ！

「絶望感」って、「望みを絶つ」って書くでしょう。これはもうすごいですよね。

この惑星ならではですよね。自分がなんの価値もないように感じれる。

本当に分離を進めていかなければ、私たちは体験することができませんでしたね。さまざまなものです。

そして、現実にフォーカスすると、あたかも本当に体験しているがごとく感じれちゃうんですね。

すごく外に意識を向けて、現実に意識を向けて眠ってきましたから、とてもリアルなんですね、現実が。

だから、現実によって一喜一憂ができたわけですね。

この現実によって、この感覚が出てきてるって思っていたかもしれないけれど、

先にこの『バイブレーション』を選んで映像化していたのが現実ですから、こっちが先です。

映画館だって、映写室で回り始めるのが先でしょう。映像が先じゃないでしょう。それと同じなんですよね。

あのね、無意識レベルでやっているから。私たちは眠ることを選んだので、

顕在意識と潜在意識を分けて、顕在意識はこの3％だけの意識。

でもこの無意識の意識で選んだ『バイブレーション』で、現実を映し出しているわけですので、

まさかこの『バイブレーション』が先で、映し出しているのは後だというふうには、認識はできませんでした。

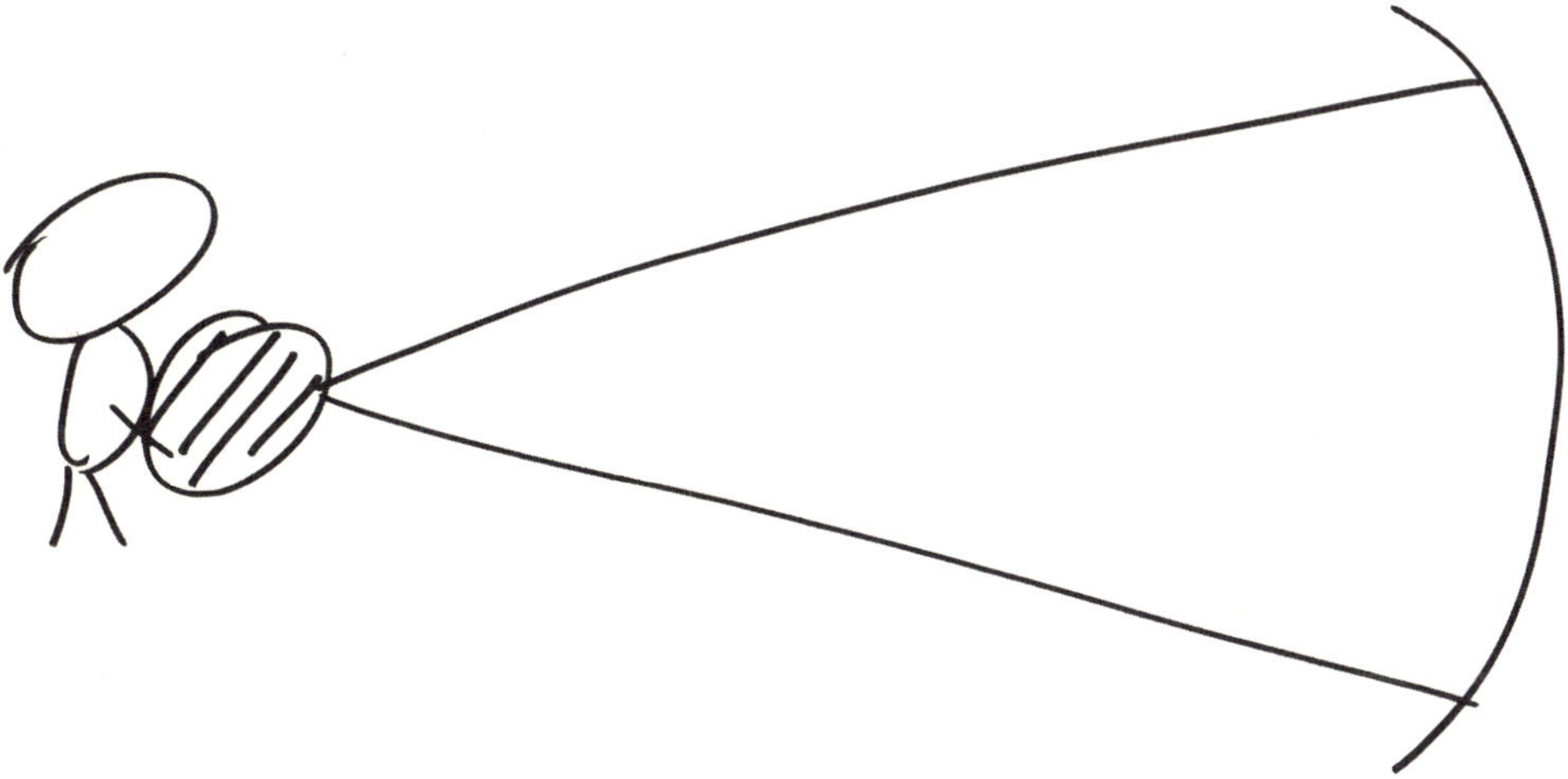

目を覚ましていくということは、
皆さんたちは、本来の自分自身に戻っていくということになります。

大きな意識、使ってこなかった、本来のあなたの意識。
本当にこの惑星で、体を脱がずに、体を持ったまま、あなたの大きな意識を使い出すということ。

私たちは、大きな意識でこの惑星にやって来たんですけど、
その大きな意識のまま、完全で「なんでもできる」って覚えていたままでは、
波動が高すぎて、この惑星には降りていけなかったの。

だから私たちは分離を始めたわけなんです。波動を下げるために。
――完全だって知っている、大きな宇宙意識で。

あなたの体の大きさが、あなたの宇宙意識の大きさだとしましょう。
そしたら今、あなたは、ほんの小指の先に体を着せているだけ。使ってきた意識はここだけです。
分離を学んで、制限を学んで、法則を学んで、概念を学んだ意識。これを使って、今までこの惑星にいたんです。

そしてこっち（からだ全体）は、大きな宇宙意識。

皆さんたちが、今回、体を持ったまま、自分に戻っていけるのは、
多くの意識の同意が起きて、惑星ごと、次元が上がり始めたから。

だから初めて、体を着たまま、ここ（小指の先）しか使わなかった意識から、
このもともとの大きな意識、あなたの宇宙意識につながっていくわけです。

概念のない、法則のない、制限のない、無限の、もともとの意識です。宇宙とも連動してる……。

宇宙とつながりたいと思ったら、あなたとつながっていくことで、それが起きていきます。

あなたとつながることと、宇宙につながることは、同じことなんです。

使っていなかった、あなたの意識につながっていくんです。それも体を持ったままやるのは、初めてですね。


皆さんたちは、あまり長い歴史、地球にいたから、
体を脱いで二ヵ月ぐらいは、自分が完全だって思い出せないみたいですね。

だけど、そこから体がないことに気づいて、やんわりですけど、波動を上げ始めるみたいです。

だから、体を脱げば、皆さんたち高い意識には戻れます。

でも体を脱ぐ前に、高い意識に戻りたいから、今ここにいるんでしょ？

体を脱いだら、皆さんたちは、自分が完全な意識だって思い出していきます。
でも今回は、私たちはこうやって体を持ったまま、使っていなかった自由な意識とつながり、
もともとの高い意識、宇宙と同じ、なんの法則もない時空間、自分の次元に出ていけるということです。

アンフィニとは、ここに出ていくメソッドでもあります。

そして生き方にするんですよ。目を覚まして生きるんです。覚ましたり、眠ったりではなくて。

だから、マスターコースを受ける方たちは、クラスとクラスのあいだにある一週間。

その時間がものすごく大事になります。この間で、皆さんたちは今までの習慣を破っていくことになります。


破っていかなきゃね。

日常普通に眠って、クラスで「あっ起きよう」みたいな、眠ることを選びながら目を覚ますことはしないでしょ。

眠ることを選びながらの統合が、結局、ここらへんでの統合になってしまうわけです。

外（現実のほう）に意識を使いながらも、少し感じて、少し嫌いながらの統合みたいな、ね。

眠りながらの統合は、ここ（概念のない次元）に出ていくことはしません。


このマスターコースから、日常に、ものすごくメリハリが出ますからね。

皆さんたち、今までの生き方を踏みとどまってくださいね。

やり方は、もちろんこれから伝えますけれど、それを日常で使ってくださいね。

でなきゃ、眠りながら起きるってことは、ないです。

でも、確実に出ていけますよ。
あなたが、本当に今まで地球で何世紀も眠ってきて、そして眠っているのが当たり前のように、
外（現実）に意識を使って、映し出したものに対処し始める。起きたことに一喜一憂し、それに対処する。
対処しきって「あー忙しかった。じゃあちょっと宇宙を感じてみる」って、そういう生き方ではないですからね。

病気をして立ち止まらなくてもいいんです。

もう本当に、今という時間に、今に生きて、目を覚ますのに時間を使っていっていいんです。

どうせ、あなたが創っている現実ですから、現実自体に一喜一憂しなくていいんです。

起きてることに「対処しなきゃ！」って言って、エンドレスのように対処していかなくていいんです。

踏みとどまってください。今まであなたは外（現実）に意識を向けて、
それを見て感じるバイブレーションに一喜一憂する、つまり、それを体感するほうを選んでいました。
でもこれからは、現実をただのフラットなスクリーンにして、『感じているのは自分の中だけ』って。

意識はシンプルなんですよ。

意識を外（現実のほう）に使うか、自分に使うかなんです。

意識を外に使えば、外にリアリティがあります。あなたが今まで生きてきた通りです。

外に意識を使っていたら、起きたことで、感じてますよね。言われたことでショックを受けたりね。

連動してますよね、現実と自分の中は。そう思っているでしょ？


それが体験の仕方。

地球での体験するための角度なんですね。


つまり、外に強く意識を向けてるから、現実にものすごいリアリティがあるんですね。


映像には見えない。凸凹感があるんです。

だから、その人の言ったこと、何か起きたことで感じるものがある。

これが今までの生き方だったでしょ。

あなたが主人公で、その体験の仕方もあなたが選んできてますので、
選び変えることも自分でできます。

あなたが選んだから眠ってこれたし、あなたが選ぶから目を覚ましていくんです。

これすごいシンプルですけれど、あなたにしかできないこと。

そして日常、もしあなたが、もう眠っていく生き方をやめていいのであれば、今この瞬間から、現実に使っていた意識を、自分のほうに向ける習慣を始めることです。

意識的に生きてください。

じゃ、ひとつ、ちょっとやってみましょうね。

皆さんたちの現実、今創っている現実がありますよね。皆さんたちの現実です。
わかりやすいように、今の現実でもいいし、または、今思い出している現実でもいいし、
その中で居心地悪かった……、例えば、誰かと摩擦を起こしたとか、この仕事がダメになったとか、
そのとき体験したこととか、思うようにならなかったとか、過去のでもかまいません。
すべて、あなたが創った現実だから。ＯＫ？

わかりやすいように、今、どちらかというと、居心地の悪いほうを選んでもらっています。

その現実、ピックアップしました？　いっぱい創ったでしょう、皆さん（笑）

では、まず、大きな映画館に座っているのをイメージしてください。

その映画館の中央に、あなたは今、座っていて、まわりには誰もいません。

そして正面のスクリーンに、あなたが創り出した現実の映像を映し出しています。映画のように。


その時、あなたはスクリーンの外にいてください。

創り出した現実の映像なんですけれど、外にいてください。


そして創った現実をフラットな映像で見てください。その映像を見た時、思い出す感覚ってあるでしょう？

当然ですよね。居心地の悪い映像を見てくださいっていうくらいですから。

今までのあなたは、その現実を見て、
そのバイブレーションを感じるのが普通で、ナチュラルにやってらしたと思います。

でも、これからは違うんです。『現実は中立で、フラットで、感じているのは自分の中だけ。』

つまり、矢印は全部自分に向けてください。感じているのは自分の中だけなんです。

バイブレーションは、中でしか起きてませんから。外じゃないです。中だけです。


では、その感覚。その感覚を感じていくのではなく、形にしていきます。

今までのように感じて、そこに入っていくのではなく、踏みとどまって、それを色と形にします。

じゃ、まず、色を選んでください。その色は何色ですか?

はい。では、形を見てほしいんですけれど、どんな形でもいいですよ。

ピラミッドでも、球体でも、岩でも、船でも、どんな形でもいいです。


大きさも、ちゃんと口に出してくださいね。口に出すことで、映像が明確に、はっきりしてくるから。

そして、そのバイブレーションは材質は硬く、すごい重量感のあるものを選んでほしいんですね。

ブロンズ、大理石、石、コンクリート、鉄、そういった重量感のある材質。わかります?

皆さん、口で言ってください。口に出すことで、皆さんの意識をこっち(自分)に向けます。

「その映像を映し出したのは、どんな形なんだろう」っていうふうにしていくと、
とらえようとする意識の使い方をし始めます。


重量感は、皆さんご存じの通り、何トン級です。10トンでも、100トンでも、1000トンでもいいです。

あなたにとって絶対動かせない、中までガチっと硬い材質のものにしてくださいね。

はっきりした硬さになりましたら、両手でその形をはさんでください。
惑星級の大きなの球体でもはさむことができます。その形をはさんで、材質の硬さ、重量感をしっかり感じて、
スコンと前のほうへ押し出してください。手をね、まっすぐ前のほうに出して。
そうすると、体から離れるでしょう? 出ましたか? [会場] はい!

はい。そしたら、きれいな球体にしてください。どんなに大きな球体にしてもいいですよ。

きれーいな球体にしてください。なりましたか? [会場] はい!

では、ずっしり何万トン、何十トン、何千トン、何億トンの重量感をしっかり感じて、目の前にスロープを想像してください。自分の丹田のちょっと上ぐらいから、正面の海に向かって、なだらかなスロープが続いています。そして、その大きな球体を、目の前のスロープにのせて、両手をスッと放すと、重みでゴロゴロゴロゴロ……とまっすぐきれいに転がっていって、海へドボン。はい、深呼吸。転がりましたか？

では、前をパタンと大きくあけましょう。

港に着いた船が、前を大きくパタンと開けて、車が出てくるように、前をパターンとあけてください。


そしたら、今転がした残りが、あなたの意識のすみずみから、ひとつ残らずいっぺんに集まってきます。シュッと集めて、ガチッと硬い、ずっしりと重量感のある球体にしてください。

大きな大きな球体にして。その球体をスコンと抜いたとき、その大きさの風穴がスコンとあきますから。重量感をしっかり感じて、はい、スコンときれいに前に出してください。抜けましたか？


はい。そしたら、その重量感をしっかり感じて、前のスロープにのせてください。両手をスッと放すだけで、重みでゴロゴロゴロゴロ……ときれいにまっすぐ転がっていって、海へドボン。はい、深呼吸。

大きくあいた風穴に風を通してあげましょう。


もう一度、前をパタンとあけて、その下から、真っ黒の黒光りする鉄の球体が上がってきています。

大きな鉄の球体。何トン級です。

はい。それをスコンと出してください。きれいに抜けます。
目の前のスロープにのせて、スッと両手を放すだけで、重みでゴロゴロゴロゴロ……と、
きれいにまっすぐ転がっていって、海へドボン。はい。深呼吸。

大きくあいた風穴に、前から後ろに、ふわーーーーっと、
なつかしい宇宙と同じ、なんの法則もない風が通り抜けていきます。
風を通してあげながら、あなたの足もとから、光のウェーブが、幾重も幾重も広がっていくのを見てください。

湖に小石をポンと落とすと、幾重も幾重も幾重も幾重も、波紋が広がるでしょう。
そんなふうに、東西南北、見渡す限り、地平線、水平線まで続く、
光のウェーブでできた、大陸的なアンフィニの磁場の上で、
あなたの足もとから、波のように、光の波紋がウェーブとなって、広がっていくのを見てください。

風を通してあげてね。
前から後ろに、なつかしい、満ちた、なんの法則もない風が通り抜けていきます。

そして足もとを意識してください。
あなたの足の裾野がクリスタルのように見えます。あなたがクリスタルでできてるように。
そしてそのクリスタルが、この磁場にぐぐぐって根づくように、グランディングするように、
しっかりと、揺らぎなく立っているのを見てください。感じてください。

本当は、概念のない意識が、本来の私たちの意識なんです。
法則のない、概念のない、分離も最初からなかった意識が、私たちの本来の意識なんです。

風を気持ちよく通してあげながら、足もとがしっかりとグランディングしたのを感じられたら、ゆっくりでいいです、目をあけてください。

私が、今ここで話しているのは、皆さんたちの大きな意識が知っています。
本来、私たちは、概念のない、もともと自由な意識なんです。
忘れることを選んだから、忘れてきただけです。

あなたにつながっていけば、この惑星で何世紀も、どんな生き方を選んできたか、どんなふうに眠ってきたか、透けてきます。

今の惑星は、目を覚ますほうを選んでいますので、
前に私たちがいたような、制限に満ちた惑星には戻らないですね。

ましてや、こうやって波動を上げて出ていく意識が生まれれば生まれるほど、この惑星は加速度をもって次元を上げていきますので、あんなに制限を感じれた惑星には戻らないです。

逆に、波動が上がった意識たちが共振を始めますから。

私たちは、分離して、制限を共振し合って、惑星を創ってきました。

地球というのは、制限に満ちていて分離があるでしょ。
分離の惑星だし、制限の惑星。

概念や法則なんて、ここまでとか、こうしたらこうなるって、まるで決まってるみたい。

これをやったら、こうなる。
こうしないと、こうならない、みたいな……。

学校といい、すべてがワクの中で、決まっているかのごとく感じられた。

皆さんたちは、本当にすごく波動を下げて、
力のなさや、できない、やれない、私には無理だっていうのを、感じられてきたんですね。
あなたを分離していたんです、体験したくて……。楽しかったでしょ。

そしてその、長い歴史が終わろうとしています、この惑星での生き方の。

自分と離れた、
本来の自分ではなく、制限を学んだ自分で、
あたかもそれが、自分のごとく体験ができた惑星。

では、皆さん、さっき皆さんがこの惑星で創った、ひとつのシーンを映し出しましたよね。そのシーンを、この映画館で、映像でもう一度見ていただけますか？　同じシーンですよ。そうしたらどうですか？　どう感じますか？

K　とても、客観的に見えます。
AYAKO　そうですね。
K　はい。
AYAKO　そしてさっき、こうじさんがちゃんと、創り出したときに、感じるものがありましたよね？
K　はい。
AYAKO　今はどうですか？
K　今は……、ないです。
AYAKO　ないですよね。
K　ないです。

AYAKO　そうですね、こんなものなんです、本当は。

本当は、外にリアリティを持てば持つほど、あなたが体感したものを、リアルに体験していたんです。外のリアリティを消して、つまり外にフォーカスするのをやめると、現実は粒子のように消えていくんです。そして、あなたが、その現実を映し出すのに使ったバイブレーションを、手放すことができます。

でも、外にフォーカスをずっとしていたら、あなたが選んだバイブレーションを手放すことができません。
なぜなら、外に意識を向けるというのは、体験するほうを選んでいるから。
でも、外を中立にフラットにして、感じるこっち（高い意識）に意識を向けた時に、
そのバイブレーションは、ただのバイブレーションとして、手放していくことができます。

あなたが、ひとつ、そのバイブレーションを手放すということは、
あなたのつけた分離の線から生み出した地球のバイブレーションを、統合するということなので、
あなたの一本の分離の線が統合され、消えていくわけですね。あなたにつながっていくわけです。

K　はい。

AYAKO　そうだよね。

K　間違いないです。

AYAKO　そのとおり、それが起きていきます。本当の統合を起こしていく。

これからすごくなっていきますよ。

それには日常がものすごく大事になります。日常、もう眠らなくなることを選ぶんですね。

もちろん、宇宙と同じ、本当に目の覚めたこの磁場でやっていきますので、この環境を使いながら、日常に戻り、あなたは目を覚ましていくことになります。どう？　ワクワクするでしょ？

K　ワクワクしますね。

AYAKO　そして、私が、ちょうど17日と31日にイベントをやったのは、出席して？

K　しています、東京のイベントに参加しました。

AYAKO　で、映像があったでしょ。

物理学、量子物理学の人が、今の物理学の最先端では、物理次元のすべてが、波動だって。人間の体もすべて。

そして、意識を向けたら、それが固まって見え、意識をはずすと波に戻るという話をしてましたよね。

K　はい。

AYAKO　実際そうなのよ。

K　へえ。（会場　笑）

AYAKO　実際そうなの。

物理学はそこまで証明してるんですけど、それを現実にどう使っていいのか、わからないわけです。
ただ、「そうなんだ」っていう知識で終わっています。
だから物理学者も、それが解かって、学会で発表したところで、
「そうなんだ」っていう反応が起きてるわけですよ。「へえ」みたいな感じ。

ところが、実際、あなたが創っている現実で、
あなたが外に意識を使ってた、だから結晶化してた……、そうだよね、形になってた……、
それをはずすことで粒子になるという体験をしたら、これはもう波打って、広がっていきますよね。

物理学者のベアも、それをしたくて私に出会っているわけです。
もうここで頭打ちなわけです、証明だから。

でも証明で終わったら、そこから出ていけないんですよ。体験に入っていかないと。
知識では外には出ていかないです……だよね。知識は教わったことの、やっぱり範囲があるわけですね。

だから、その彼女も私と出会ったのは、小さい頃から物理学にすごく興味があって、
物理学が、地球の法則じゃないところをやろうとしてるのに興味があったんじゃない？　彼女は。

大人たちはみんな法則を言うけど、物理学はそんな中でも、そうじゃないところを突き進んでいくから、
興味があったんだと思うんですよね。でも、今、もう物理学の証明のところを越えちゃうわけですよ。
つまり、証明ではなく、体験に入るわけです。

それには、そこの次元（制限の磁場）から出る人たちが、出てくるってことですね。

こっち（概念のない次元）に出てきたら、
現実は、外に意識を向けると、すぐ止まってしまうということがわかるようになる。
そしてその使った意識を戻してあげると、それは粒子になるということを、体験するようになります。

実際、このクラスを進んでいくうちに、それは体験します。
だって、あなたが創ってる現実の中でやっていきますから。
そりゃそうですよね、あなたが主人公ですものね。そして今、本当に出ていく人たち、
つまり、ここから出ていく人たちが現れて、それを体験することで、体験が波動になるわけです。わかる？

言ってることが、波動にはならないです。
あなたがどんなに「自由なんだよ、自由なんだよ」と言っても、
あなたが自由でなければ、自由じゃないことが共振しています。
出してるのは、あなたが使ってる波動だもん。わかる？

ここ（概念のない次元）に出ていくと、だんだん概念のない波動になってきます。
なぜなら、あなたの中がつながってくということは、あなたの分離がなくなっていくから、
あなたの中がひとつになっていくわけです。

分離しただけでしょ。分離して波動を下げてますから、

分離を統合するということは、波動が上がっていきます。

統合というのは「ふたつに分かれたものをひとつにする、自分に戻っていく」ということです。

あなたの中がつながってきたら、ひとつに戻っていってとけあって、ハーモニーのエネルギーになってくる。

螺旋を描きながらここに出ていきます。戻っていきます。

そして本当に、ここらへんでうろちょろじゃなくて、本当にさっき話したように、
どんなに制限の話をされても、まったく違うところで見えるようになっちゃうから、ワクワクしたところでね。
おかしくなるよ、きっと。制限を言ってるほうが、不思議になっちゃうから。
え、どうやったら、あんなところにいられるんだろうと思うぐらい、上がってきますから。

それからみんな、ドラマが好きよね。
変化するときでも、ものすごくドラマティックにやったほうが、
やってる気がしたりとか、生きてる感じがしたりね。

時間をかけたり、山超え、谷超え、壁を乗り超えて、達成感、
やった！　というのが、やれてる気がしたり、価値すら感じるようなね。
その生き方から出ていきますよ！　皆さん。

本当に私たちは長い歴史、惑星のこの磁場に入って過ごしてきましたから、
摩擦が起きるのが当たり前。分離を体感するのが当たり前。勝ち負けが起きるのが当たり前。
力の証明をしなきゃ価値を感じなかったり、誰かに褒めてもらって自分の価値を感じたり、
さまざまな分離から生み出すものを、カバーするような生き方をしてきました。

その磁場から、抜けていくことになりますね。
そんなことができるんです、そんなことができる惑星になってきました。多くの意識の同意が起きたのでね。
体を持って、その高い意識に、高い次元に出ていっても存在することができます。

そうなんです。ひとつ、スタッフのおもしろいエピソードがあるのですけれど、その話をしていいですか？　その、おもしろい話。私がする？　私がした方がいい？（スタッフに訊く）
あのね、（ボードの制限の次元を指して）今まで、ここで生きてきたわけですから、

例えば目標を決める。「わたしはこれをやりたいんだ」「仕事はこれを成功したい」または、「これを得たい」「目標を決めたら、どんなことがあってもあきらめない」「そっちに向かっていくには、まず目標を決めなきゃ、それは現実化しないわ」と目標を決めます。そして何かがあって、ぶつかっても、擦りむいても、立ちあがって。まあ、ある人が話してくれたのがすごくおもしろくて、わかりやすかったんで話しますけど。（笑）

AYAKO　あの、バスに乗り遅れたんだっけ？

R　家を出るのが遅れたの。

AYAKO　家を出るのが遅れたんです。そして、目的は、歯医者さんなんですけど。（会場　爆笑）まあ、何でもいいんですよ、皆さんたちが目的にする事柄は。歯医者さんの予定があって、家を出るのが遅れました。ということは電車にも乗り遅れるっていうふうに・・・焦りです。焦りを感じている時から、既にここ（制限の次元）にいるということです。ここ（宇宙）は焦りは感じないですから。

それで、焦りを感じるわけです。でも彼女の中で、「絶対行くんだ。電車に間に合わないと思ったけど、間に合うかもしれない。自分が行く！　と思ったら絶対行ける」と思うわけですよね。それで、バスが駅に着いて、そしたら目の前を走っていく女性がいたんだって。それを見て、「あ、電車がまだホームにいるんだ！」と思って、自分も走っていって、

改札口でSUICAか何かやるんだけど、残金が足らなかったらしい。（会場　爆笑）
そうすると、改札のゲートが閉まったままじゃない？　でもすごいスピードで来たじゃない、
そこでボーン！　と飛んで、バーン！　と擦りむいたらしいの、ものすごく痛かったらしいの。
それでも、「絶対、わたし行くんだ！」って、ドアが閉まろうする電車に乗ったんだよね。
そうすると、成功したように感じるわけ。「ほら、やっぱり、行こうとすれば行けるんだ！」
でも、これをやってたのは、ここ（制限のある次元）なんです。（会場　さらに大爆笑！）

そして彼女が、歯医者さんの帰りにたまたま、私とばったり会ったんですよね。
それで、彼女の話を聞いていたら、彼女がこう言ったわけ。
「やっぱり、決めてるとね、インスピレーションが入ってきて、目の前を走っていく人が見えたから、
まだ間に合うんだってのが分かったし」みたいな。わかります？

本当にそんな見え方をするんですよね。だから、それがインスピレーションのように感じるわけですよ。わかる？

摩擦も起こしながら、でも「これをやればいい」「やっぱりそうだった」「そうよ、やっぱり間違ってなかった」

みたいな。行くことを決めて、途中であきらめないで、流れないで、「私、行くのよって、行ったから、
私に会うようなシンクロが起きたんだ」と思ったらしいんですね。偶然じゃなく接点があって。

でも、そんな思いしなくても、私には会えますから。（会場　大爆笑）

あのね、目標を設定するじゃないの。そうするとさ、（制限の次元を指して）ここでやるとさ、「達成感」ね。

「やりきった！」「いろんなものが出てきたけど、私はそれを乗り越えてきたのよ」って。好きでしょ？

そのほうがやってる気がするんです。私もそうだった。眠ってるって、そうなんだから、みんな同じです。

私ね、ある時、京都に行く何日か前かな?
私の日常の毎瞬は、すごくゆったりとした時空間で、ウェーブがこう波打ってるんですけど……。
その時、まわりがものすごく忙しくしているように見えたんです。
誰でも忙しくしていて、自分の時間がないかがごとく。それで、「いいなあ、忙しくって」って。(笑)

その時、ぱっと下の方に見えたのが、私は忙しくしてた時っていうのは、
複雑にする時間を、圧倒的に持ってたんだなあと。複雑にする時間が、24時間のうちいっぱいあったから、
やっていることがいっぱいあるがごとく体験できたんだなあって見えたんですよ。

つまり、こんなふうにゆったりした時間で、いろんなものができていくって、地球ではなかったですよね。

そうですよね、何かしらいつもやっていて、結果を出しながら、やっていってるって。
一日のうち、そういう時間、長いでしょ。でも私、それ見たときね、あ、そのほうが生きてる気がしたんだって、
そのほうがやってる気がして、価値まで感じれてたんだなって。

でも自分と離れるって、複雑さを生み出してるんです。

概念のない次元ていうのは、これがこれからの地球の生き方ですけど、
自分がこうしたいなって思うこと、それがそうなっていくのが、それがナチュラルに感じます。
達成感とか、特別意識はないです。それが自然に感じます。

そして、ぶつかるものがないから、もうそうなったごとく感じられます。
A地点からB地点にテレポートするように、もう既に『なってる自分』の周波数に一致する。
そうすると、一致しちゃうと、もう既に『なってる波動』になります。

そうして後ろを振り返ると、どうやってやってきたんだろうって。
「結果を先に感じることで、原因は後からやってくる」って言葉、聞いたことあるかもしれないけれど。

この(制限のある)次元だと、動く時に摩擦があったりとか、ぶつかりがあったり、
「ああでもない、こうでもない」があって、ストレスを感じたりします。

この(概念のない)次元だと、自分がこうしたいなっていうことに対して、向かい風がないので、
その自分と一致することが、既になってる自分と一致することができます。
すると、そうなってるところからの見方をします。

だから、もうインスピレーションのレベルじゃなく、
もうそうなってるところから見れば、ああ、こうすればいいっていうふうに、
このあなたの意識、あなたの宇宙意識は、宇宙と同じだけの情報があるので、その情報を使っていきます。
それは法則に則っていない情報です。わかります?

ここに出ていく人たちが、そういう体感になっていきますので。でも初めてですよ、本当に。

「こうすればこうなる」という情報ではないです。
概念もない、制限のない、自分の宇宙意識の情報を使うことになります。

で、その時っていうのは、達成感ではないですね。
もうそうなるって、実際、その結晶化が起きていくのが当たり前ですから。

そして、あなたの次元に出てしまえば、別に自分が特別うんぬんなんていう次元ではなく、
誰もがもともと高い意識なんで、そこに上がってくれれば、誰もが自由になりたい自分になれるし、
この物理次元で、やりたいことをやれるというのは、とてもナチュラルに感じます。

（しゃがんで）こう、下がってると、特別に感じるでしょ。
そうなった人を見ると「特別だ」って……、

または、そうできた自分は「特別だ」って、特別にできるでしょ。

でも、その次元では、やりたいことがやれるのはナチュラルです、ナチュラルですよ。
これが、この惑星で、これから起きていきますよね。

ここに出ていける人が生まれた時、この次元を使い出します。

こっちのほうの次元を、法則の次元や法則のバイブレーションを使うのではなく、この次元をね。


ここ（制限の磁場）だと、摩擦もあり、いろんなものを複雑にしながら、それを乗り越えてやれた！　みたいな。

でもそのほうが、やってる気がしたんですね。

すごく生きてる気がしたんです。


なんかそんな生き方自体が、化石のようになっていくんじゃないかなって、私には見えてますけどね。

「昔そうだったね」って、「この惑星でそんなことができたよね」……みたいな。

アンフィニを2000年に生み出して、
本当の意味で、こっち（概念の外）に出ていく角度で使った人は、まだまだいなくて、
ちょっと波動が上がってくると、現実がよくなりますから、やっぱり現実のほうに意識がいって、
いつのまにか、現実がよくなることが目標のようになってしまったりとか。

でも、アンフィニは、この惑星の半数以上の意識が同意をしたから生み出せていますので、
必ずそういう目を覚ますことを決めた意識がいるはずだと思って信じて、去年の春かな、フランスに動いて、
対談やワークショップをやってみて、ああ本当に出てくる意識がいるなって、確信になりました。
それからもう、ここらへん（制限の次元の上のほう）で、止まっていた人たちが、
こっち（概念の外）に向かい出す動きが始まって、これからどんどん変わっていくのがわかりました。
私から見れば、概念のない次元というのはナチュラルですから。
概念のない次元というのは、もともとの自分の次元です。もともとのあなたの使ってなかった高い意識。
体を持ったままでは、使えなかった高い意識。そこにつながっても、体を持っていられますからね、皆さん。
それは、初めて。どうですか？　聞いていて。

S　なんか頭では理解できるんですけど、
実際体験したことがないので「できるのかな？」っていう感覚というか、感じがあるんですけど。

AYAKO　自然なことですよ。

S　そう感じることが、ですか？

AYAKO　うん。だってここ（制限の磁場）にいたら、そんなの想像を超えてますもん。そうでしょ。

「ここまではできる」というものを学んでいるので、その先を想像はできないんです。ここにいたら。あなたが自分につながって波動を上げていって初めて、こっち（概念のない次元）がすごい近くなってきて、ものすごいリアル感がこっちに出てきます。今はここ（制限の磁場）にいるから、当然ですよね。当然です。最初は、みんなそうです。最初は、みんなそう。でも聞いていて、気持いいでしょ。

S　そうですね、はい。

AYAKO　頭では理解できて、頭ではわかったような感じがするけど、体感は起きてない。でも話を聞いていて、どんな感じがしますか？

S　自分も体感してみたいなって。

AYAKO　自分もそうなっていきたいと思うし、そっちのリアル感が出てきていませんか？そっちを話していいんです。そっちを増幅させましょうよ。みんなと同じようにって、しなくていいですからね。こうやって高い波動に触れて、あなたの中から出てきた波を、表現してください。呼吸が復活していくから。実際、戻っていくのは、本当のことだから。

気を抜くと波動が上がってしまう高い意識なので、私たちは降り立つのを選んだし、またそこで出てくる不安を語ることで、すっごく、この制限の磁場にグランディングできたんです。分離から生み出した不安や、恐怖を「えーどうしよう、どうにかなりそう！」とか話すことで、この（制限の）磁場にしっかりいられたんです。知ってました？　そこで盛り上がれていたんです。話すから、こっち（制限）が増幅してしっかりしてくるんです。そうなんですよね。不安を語ったり、地球のバイブレーションを通したものの見方を話す。制限の磁場で増幅させて。

そしたら、もうこっちの磁場（概念のない次元）はもう全然感じなくなりますよね。眠るテクニックなんです、それ。だから、概念や制限がものすごいリアリティだったでしょ。

まず、それをやめ始めてください、皆さん。世間話をやめ始めるんです。

「あたしもなの。え？　あたしも。実はあたしもなのよ」って共振し始める、これをやめ始めるんですね。それだと、この地球で制限に満ちた磁場の中にしっかりと自分自身をグランディングさせていってます。

だからね、今、さとこさんが「自分もそうなりたい」って言葉に出したら、リアル感がちょっと出るでしょ。そうすると、それを言ったリアル感が増幅するわけです。わかります？

本当はつながってきて感じたほう、つながってきて見えてきたことは、話してください、逆に。そうすると、こっち（宇宙意識のほう）が増幅して、リアル感がこっち側に移っていきますから。わかります？

S　はい。なりたくないものとか、嫌なものを話すとそうなって、なりたいものを話すと、そっちにつながると

いうことなんでしょうか。

AYAKO　なりたくないものを話す？

S　例えば、できないっていうことを話すじゃないですか。そうすると、できないバイブレーションになって、「こうなりたい」って、自分もできるっていうことを話すと、そっちに行けるってことでしょうか。

AYAKO　もっとシンプルに、今は「できない」っていう話をあなたが口に出すと、

できないっていうバイブレーションを体感しながら口に出してますよね。その体感が増幅するということです。

確かになっていくわけです、あなたにとってですよ。リアルになってくるわけです。

でも、あなたが今の話を聞いて、「ワクワクする」「そんなふうになりたい」って感じてるバイブレーションは、実際感じてますよね。それを言葉に出すと、それが増幅するってことです。そっちをやり始めてください。

これから統合を進めていって、皆さんたちは自分につながって、こっちへ（概念の外）出ていきます。
でも日常、「こんなこと起きてさ。不安感じててさ」って、自分が創った現実を語ったり、
そういうことをするってことは、この制限の次元を増幅させてるでしょ。それをやめてくださいって。

「できない」とか「心配」とか「不安」とか出てきた時に、「私、不安なのよね」って言った途端、
不安がボンと、リアルに結晶化したように感じます。わかる？　言ってる意味。

S　わかります、はい。

AYAKO　「私ね、恐怖感があってさ」って言った途端に、その恐怖感がこの中だけで感じてたのが、口に出すことで増幅が起きる。波動だから。そうやって強く体験してきたんですよ。

だから私が言っているのは、「じゃ、恐怖感を話しちゃいけないのね。じゃ、いいことだけ話す」って、そんなことは言ってませんからね。それは、押しやっていたら同じです。

これからは、押しやるのではなく、今までは使ってきた地球のバイブレーションを、手放していってください。

統合していくっていうこと。わかります？

例えば、あなたが普段、普通にナチュラルに「そんなこと言ったって無理よね」

「あたし、なんか、ちょっと無理かもしれない」って、普通に話してますよね、今までね。

そういう感覚が出てきた時に、同時に口に出しますよね、私たちって。そうだよね。

でも、そのときに自分で気づいて、

「あっそうか。口に出すと、今、体感してることを増幅させていってるんだな」って気づいてほしいの。

そしたら、それをやめて。かといって、それを抑え込むんじゃなくて、それをやめて、手放すんです。


そのフィーリング(バイブレーション)を使うんじゃなくて、さっきやったように、

「このバイブレーションの色は何色だろう？　形は？」

材質はすごい重量感のあるもので、そして硬さをしっかりして、スロープにのせて、手放して転がすんです。

統合していくの。今までは抑え込むしかなかった。わかります？

ポジティブシンキングは、「ネガティブはいけない！」みたいなポジティブ。これでは、そこから動けない。
でしょ？　今までは出てきたものを普通に、不安でもなんでも、出てくるフィーリングを普通に話してたけど、
そのフィーリング(バイブレーション)を使うのではなくて、それを形にして手放していこうって。

そして、手放せば手放すほど上がってきますので、「なんか宇宙が近くなったみたい」って。

雲間が開いて、光が差し込むってあるじゃない。

あなたが上がってくると、その雲間が近くなるわけです。こっちの雲の上が。そうですよね。

だから、制限の増幅をしないで、手放すことを始めたら、
なんとなく近づいて来た感じがするから。本当に感じるようになるから。

そして、そう感じてることのほうを話すようになる。そうすると、こっちが増幅するじゃない。そうしながら、あなたが入り込んでいた、地球の制限の磁場から抜け始めます。わかった？

S　はい、わかりました。やってみます。

AYAKO　そうですね。日常がとても大事になりますね。では今話をしたように、あなたの創った現実。どのシーンもこれから、今この瞬間から、あなたの創った現実に戻っていった時、もう普通に今までのように、外に意識を向けて感じるほうを選ぶのではなくて、現実をいつも中立に、ただのフラットな映像に見て、意識を自分に向ける習慣を、まず始めてください。

外に意識を向けるのって、もう何世紀もやってきてるから。まずその習慣をやめていくことからやりましょうね。

皆さんたちは、自分の現実（日常）に行ったら、全部フラットな映像で見てください。街を歩いていても、映像が凸凹で見えてるでしょ。それを大きな３６０度の大スクリーンに映し出している映像なんだっていうふうに見てください。わかる？

そして、その映像を見て、『体験しているのは自分の中だけ。』

自分の中が映画館の映写室のようになって、
その映像を見て、感じるこの感覚(バイブレーション)で、映し出している。その見方を見始めてください。
外を映像で見るっていうことは、使っていた矢印をこっちに戻すことになります。
外に意識を使うから、現実はリアリティがあるわけ。そうでしょう。

リアリティがあった現実を、フラットな映像に見始めるんです。

そうすると、外に使ってた意識が、矢印が、こっち(自分)のほうに戻ってきますから。

まずは、それからやるといいですね。


じゃ、ちょっとね、ここでやってみましょう。

えーとですね。あなたの創った現実です。いいも悪いもないです。ちょっとやってみましょう。

この一週間、思い出すシーンでいいです。どのシーンからでもいいですから。


では、見てください。

あなたは大きな映画館の中央の椅子に座っています。正面には大きなスクリーンがあります、真っ白のね。

あなたの一週間を見ていきましょう。
さあ、あなたは、今まで外に意識を矢印を向けて、
そのスクリーンを凸凹にし、すごいリアリティを体験するほうに使ってきましたが、今のあなたは違います。
あなたの創ったその現実を、そのスクリーンに、フラットな映像として見てください。

そして、映像の外にいてね、自分は。

じゃ、スクリーンに映し出しましょう。自分で創った現実を映し出すでしょう。

自分の中が映写室ですから、その映し出しているシーンに使ったバイブレーションが、自分の中で動いてます。

どれを選んだかは、そのシーンを見た時に出てくる感覚、そのフィーリング(バイブレーション)です。

そのバイブレーションのほうに意識を向けてみると、
シーンが変わるごとに、いろんなバイブレーションが、自分の中で起きてるのがわかると思います。
そして、感じていくのではなく、いろんなバイブレーションを使って、
現実のシーンを映し出していたんだなって、自分の中を見ていきます。

もう感じにいく必要はありません。

フィーリングを、ただの波打っているバイブレーションとして見てください。


では、さとこさん。あなたのその大きな映写室の中に、いくつくらいのバイブレーションがありました？

S　状況ということでしょうか。
AYAKO　ううん、状況は外ですね。
状況は、ただのフラットになっていますから、それを映し出すのに使ったバイブレーションがありますよね。

S　罪悪感とか、そういうの？
AYAKO　そうです。それが罪悪感とかわからなくてもいいですよ。ただのバイブレーションで見えますから。

例えば、色で黒のバイブレーション、緑、赤のバイブレーションというふうに見てもいいです。

いくつくらいありました？

M　黒と赤と茶色と、3つくらい。

AYAKO　３つくらいですか？　ＯＫです。としえさん、いくつありました？
Ｔ　５個ぐらい。
AYAKO　こうじさんは？
Ｋ　３つくらいです。
AYAKO　はい。（受講生を指して順番に答えてもらって）
Ｍ　５個ぐらい。
AYAKO　とらえてますね。ひろこさんは？
Ｈ　３個。
AYAKO　３個。はい。

皆さん、それぞれ、ただのシーンで一週間のただのフィルムとして、一週間の映像として見てみると、フラットになれば、こっちに意識を戻してあげられます。そして、映写室のように自分の中を見てください。

そうすると、波動（バイブレーション）を使ってから映像化してますので、いくつかの波動を使ったはずです。だってシーンが違うでしょ。そして、それは一生懸命見なくてもいいんです。

今みたいに「あ、５つくらいかな、あ、３つ」それでいいですからね。それが何であるとか探らなくていいです。「あっこれ罪悪感だった。これ不安だった」って、そこ行かなくていいです。ただの波動です。

ふみおさんは、いくつ？

Ｆ　うーん、ゼロ。
AYAKO　ゼロ？　そんなわけないですね。現実創らなかった、そんなことないですね。

あなたの創り出した現実がありますよね。一週間、いろんなものを創り出しています。

そのショートフィルムじゃないけれど、いろんなシーンをスクリーン映し出してみてください、こうやって。

F　どんなことでもいいですか?

AYAKO　どんなことでもいいです。いいことでも悪いことでも何でもいいです。

あなたが一週間、現実を創ってきたわけですから。

それをただのフラットな映画館の大きなスクリーンがありますよね、正面にこんなふうに。

そこで映像でシーンがいくつか映し出して。わかります?　だって、いろんなシーンがあったでしょう。

そしたら、フラットなただの映画ですので、映写室があるわけですね、皆さんの中に。
物理次元って、波動(バイブレーション)で映像化しているだけなので、
どんな映像であれ、波動を使っているはずなんです。
その映像を見たら感じるのが、その波動なんですね。それが何かわからなくていいですから、いくつくらい?

F　100個ぐらい。

AYAKO　はい、それでいいんです。それでいいです。

では、皆さんたち、それぞれ自分の中で、当然、一週間いろんなシーンをスクリーンに映し出すわけですね。

そうすると、その映像化に使ったバイブレーションがあって、それはもう別に、ただの波動として見てください。

それがどんなバイブレーションかなって、いかなくてもいいです。

では、そのバイブレーションですね。5つだったり、100個だったり、2個だったり、1個だったり。

あなたの中で色を変えたほうが見やすい人は、例えば、2個を白と黒とか、好きなようにしてください。

それをね、5個の人は、5個球体で見てもいいです。見やすいほうで。

では、ちょっと最初は誘導しましょうね。えーっとね、（ホワイトボードに書きながら）

あなたの中でこうやって波動で見える人もいるかもしれないですね、こんなふうに。

で、いくつかの波動を使ってる。ただのバイブレーションですからね、私たちが地球で使っている。

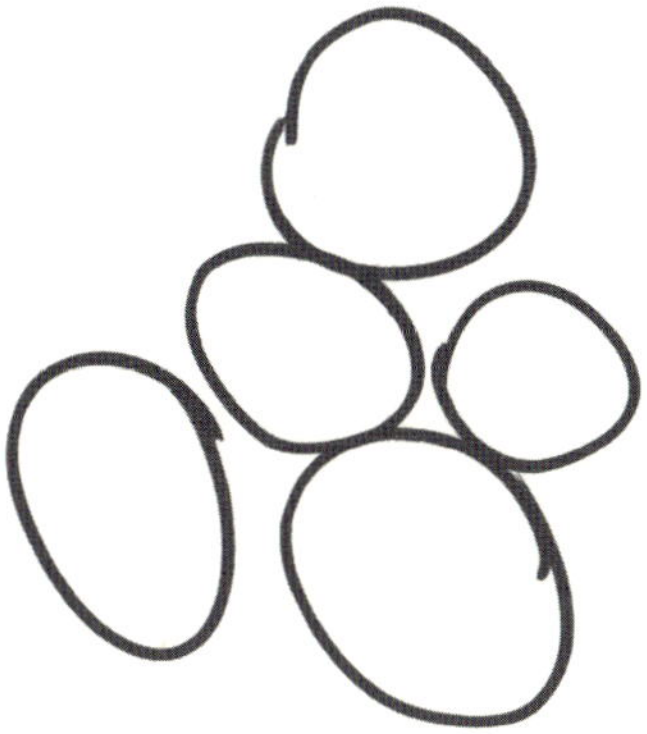

では、それを形にします。

ウェーブだったり、形で見えてる人もいるかもしれない。

あなたの体の中、映写室の中で、その数だけの形を見てください。全部球体で見てもいいです。

三角形で見てもいいです。見えるので見てください。100個だったら、100個の球体。

そして、さっきと同じようにその球体にしても、三角形にしても、シンプルな形のほうが見やすいですよ。

材質は硬くて、重量感はしっかりしましょう。小さくても、ひとつが何トン級ですよ。いいですか？
材質は、最初は何にしましょうか。鉄、石、コンクリ、ブロンズ、大理石、
中までガチっと硬い重量感のあるものを選びましょう。材質はなんですか？
［会場全員が答える］

はい。では、形も見えましたね。じゃあ、皆さんたち、
さっきのように、光のウェーブが呼吸するように広がっているアンフィニの磁場に立ってください。

東西南北、見渡す限り、地球を包み込むように広がっています。

何の概念もない宇宙と同じこの磁場は、光のウェーブが起きています。

その磁場にしっかり立ってください。


立って、そして目の前にスロープをイメージしてください。

自分の丹田の上ぐらいから、なだらかなスロープがアンフィニの磁場の中央に向かっています。

アンフィニの磁場の中央っていうのは、ギャラクシー（銀河系）の映像か写真を見たことがあると思いますが
星が集まって、渦になっている。そして中央に穴があいてるように見えるでしょ。

アンフィニの磁場の中央も穴があいています。

まわりは、ギャラクシー（銀河系）のように透けてなく、もう光でできた大陸のようになっている磁場です。

では、あなたの丹田の上のあたりから、なだらかなスロープが、
その中央の穴のあいてるところまで、続いているのを見てください。

そしてあなたが使った、この一週間のいくつかの地球のバイブレーションを、
材質は硬く、重量感はしっかりしたもの、それ5個でも、2個でも、100個でもいっぺんに出します。
いいですか？　いっぺんに出しちゃってください。

出したら、ひとつのきれいな球体にしてください。
手をこういうふうにして、大きな球体にしていいですよ。惑星級の大きな球体にしてもいいですよ。
あなたの居心地のいいサイズにしてください。

ずっしり重量感がありますね。
動かしがたい、石、コンクリ、鉄、ブロンズ、大理石、それぞれ見えてる材質で、
ずっしり重量感を感じて、目の前のスロープにのせましょう。

そして、すっと両手を放すと、重みで、ゴロゴロゴロゴロ……ときれいにまっすぐ転がっていって、
中央の穴にストン。はい、深呼吸。

皆さんたちのが、ストンストンストンストンと落ちていって、ぐわんぐわんぐわんと波打って、
津波みたいに光のウェーブが起きて、中央から波紋のようにウェーブが起きていっています。
幾重も幾重も幾重も広がっていく、光のウェーブが起きている磁場の上にしっかり立って、深呼吸しましょう。

はい、そしたら、前をパタンと大きくあけましょう。
前を大きくパターンとあけて、今、転がした地球のバイブレーションの残りが、あなたの意識のすみずみから

ひとつ残らずいっぺんに集まって、ガチっと球体になりますよ。大きな球体にしましょうね。
シュッと集まってきて、ガチっと硬い、ずっしり重量感のある球体です。
その重量感のある球体を、スコンと大きな風穴があきますよ。

前にある、ずっしりと重量感のある球体を、スロープにのせて、スッと両手を放すだけで、
重みでゴロゴロゴロ……と、きれいにまっすぐ転がっていって、中央の穴にストン。
はい、深呼吸。

大きくあいた風穴に、前から後ろに、宇宙と同じなつかしい、やわらかで、なんの法則もない、
ハーモニーの満ちた風が、ふわーーーっと、前から後ろに通り抜けていきます。
前をもう一度パターンとあけてください。

今、転がした、その下にあった惑星レベルの大きな、本当に惑星で見ていいですよ、地球みたいに。
ガチっと硬い惑星の大きな球体。それが下から出てきます。
ものすごいスケールの大きい球体。

その大きなのをスコンと前に出しちゃっていいですよ。きれいな球体にしてください。
凸凹感が、ツルっとなるような。古い鉄でできた、もう本当に古い地球のバイブレーションです。

はい、目の前のスロープにのせて、両手をスッと放すと、
重みでゴロゴロゴロゴロ……と、きれいにまっすぐ転がっていって、中央の穴にストーン。

大きくあいた風穴に、前から風を通してあげてください。
そして、足もとには光のウェーブが起きています。

大きくあいた風穴に風を通してあげて、そして、東西南北、見渡してください。
光のウェーブが呼吸するように、広がっていっています。

この磁場で、足もとがしっかりとクリスタルになっているのを見て、
そのクリスタルの裾野がぐぐぐっと磁場にグランディングして、
揺らぎなく根づいているのを感じてください。

風を通してあげてね。大きくあいた風穴に風を通しながら、休み時間を取りましょう。

どこを歩いていても、磁場の上にいてください。
アンフィニの磁場、宇宙と同じ分離のない、概念もない、なんの法則もない、宇宙と同じなつかしい、
あなたのもともとの高い意識の磁場です。
光が波打っている磁場です。

その磁場の上で、歩いたり、座ったりして、
大きくあいた風穴に、満ちた風を通しながら、休み時間にしたいと思います。

１５分間、休憩しましょう。

（休憩後）


ワクワクするね！

私たちが目を覚ましていく時の感動はね、この惑星でやってたことが全部透けてくるからね。

自分につながってくると、高い意識に戻っていくっていうのは、やってたからくりを全部透かしていくから、すっごい醍醐味ですよね。同じ惑星に存在しているとは思えないような。

結局、あなたが波動を上げれば上げるほど、
次の惑星、次の惑星へ、次の地球へと移行しているのと同じことなので、
もう既に変わってしまった惑星にいるんじゃないかって思うくらい、時空間や空気感に制限がないです。
まわりの人がどんなに制限を言っても、あまりに接点がなさ過ぎて、制限が下のほうになっちゃうのね。
本当にもう入れないし、入らなくていいのがわかるんですよね。
それは、眠ってたから、波動を下げてただけでね。

やっぱり一番ワクワクするのは、日常だよね。

日常のあなたの創ってる現実で、今までの眠りの角度を踏みとどまって、
あなたの外に使った意識を、自分に戻していくことだよね。自分のほうに戻さないと、いつまでも感じるよ。

現実を見て感じる。起きたことで一喜一憂。

外に意識を使うことで、自分と離れることができたんです。

外に意識を使うというのは、自分と離れるということです。
だから、人がどう思うかとか、この人とどういうふうにって、
小さい頃、思ったことあるよね。もう完全に、いつも外に意識を向けて。

だから、本当にこの地球の概念の中に、安定していってたんですよね、どんどんどんどんね。
意識を使うのは、外に使ってたんですね。自分に使うんじゃなくてね。
そして、そのうち、それがナチュラルになりすぎて、外に意識を使ってることがまったくわからなくなる。

これが統合が進んでくると、外に行ってた意識がうわーっと戻ってきたりするから、
もう「えー？　どれだけ眠ってたの」って、自分で思うんですよ。
本当に自分がどれだけ外に意識を向けていたか、毎回統合するたびに、すごい感動とともに見えていきますよね。

で、さっき一週間のスクリーンを映してもらって、
あなたの中の選んでたバイブレーションを手放すほうを選んでもらいましたけど、どうですか？　どんな感じ？

T　ここにいて一緒に統合をしたあと、休憩ってなった時に、スッキリしているような感じがしました。
AYAKO　そうですよね。実際起きていっているからね。あなたの一週間があったじゃない？
一週間を思い出してごらん。どんな感じ？
T　一週間、さっきは、そこにある感情を移入するっていう見方をしてたのが、今は、サーッと、という感じ。
AYAKO　そうだよね。そんな感じですよね。そうです。そうです。
私たちはね、外に意識を使って出てくるものを味わっていたんですよ。シンプルなんですよ、すごく。

あまり長い歴史やってたから、それがすべてだったんだけど、
それに気づいて、それに光を当てて、目を覚ます角度を使っていくんですね。

つまり今までは外に意識を向けて、
出てくるフィーリング（バイブレーション）を体験するほうを選んでたでしょ、そうだよね。
外に何かがあるがごとく、一喜一憂できるわけですね。

外に意識を向けるから、体験できるんです。

外に意識を向けなければ、現実が固まらないから。

外に意識を向けなければ、「実際起きてる」っていう感じが感じれないんです。

外に意識を向けるから、現実って、凸凹感があって、起きてるって感じれる。


ここでそれをフラットな映像にしてくださいって言って、実際映像として見た時には、

「そこで起きてる！」って感じになれなかったでしょう。

K　意識を外ではなくて、中に使うようになると、世の中の現実が固くなくてやわらかくなるんですか？

AYAKO　やわらかくなる。実際やわらかくなる。

もし固く感じてたら、あなたは意識を強く外に使ってるだけ。

あなたが外に使った意識、つまり、外に意識を使うって、自分と離れていってるってことなんですよ。

その離れるのに使った意識を、あなたに戻していったら、現実は実際やわらかくなります。

だから、何かが起きた時に、全然慌てないですね。
やわらかいし、インパクトがバンって感じにはならないですね。
たとえ同じような、今までの嘆いたようなことが起きたとしても、
もう目を覚ます角度になっていれば、目を覚ますチャンスにしちゃいます。

つまり、同じ、あなたが嘆くような現実を創ったとするじゃない。

今までは外に意識を向けて「あー、もうこんなこと起きて」だよね。そうでしょう。

でも、目を覚ます角度で生き始めるっていうのは、こっち(自分の宇宙意識のほう)に使い出すということよ。


「なるほどなー、このバイブレーションで、何度もこういうのを創ってきたんだな」って。

現実は中立で、このバイブレーションを何度も使ってたんだなってわかるから。そうなのよ。

体感してたのは自分の中だけだから。現実は外に意識を向けて、リアリティを持たせただけだから。

戻る意識になった時は、風見鶏が真逆になったように、例えば、同じような現実を結晶化した時に、
今言ったように「なるほどなー、このバイブレーションでこういう結晶化をしてきたんだな」って。
で「このバイブレーション何度も使ったただけなんだ！」「事柄が変わっただけなんだな」
「じゃ、これは自分と離れて生み出した地球のバイブレーションなんだ」って、感動しながら手放しますよね。
「あー、これを手放していくんだ。このバイブレーションを自分で使って、あたかも起きてるがごとく、
体感を起こしてたんだ。現実は中立で、このバイブレーションを何度も選んでただけなんだ」
そして「これを手放すってことは、これを使わなくなるってこと⁉」ってわかってくるからね。

で、手放すってことは、あなたのつけた分離の線をひとつ統合するってことになりますよね。

すべて、分離から生み出してますから。地球のバイブレーションですから。

そしたら、シフトしますよね。目線が変わりますよね。

そして、統合を進めていくと、立つ位置がだんだん変わってくるわけです。

制限の磁場にしっかり埋もれてた人も、日常、本当に目を覚ますほうに意識を使い出したら、
上がってくるでしょ。目線が変わってくるし、上がれば上がるほど、現実に力がなくなっていきますからね。

どうして現実に力がなくなるか。私たちはフォーカスしたほうをリアルに体験しているだけなんですよ。

フォーカスしたほうを、あたかも起きてるように体験してるの。

フォーカスがだんだん外に向かなくなってきたら、現実は波打ってくるわけ。

やわらかくなってくるわけ。

意識がどんどんこっちに戻ってくる。生き方にするということは、そういうことです。


外に意識を向けて、私たちは眠ってきましたから。

目を覚まして生きるというのは、
外に意識を使って、出てくるバイブレーションを体感する眠った生き方から、
自分のほうに意識を使って、あなたの日常で、『現実は中立で感じているのは自分の中だけ』
出てきたバイブレーション（フィーリング）を、体験に使うのではなく、統合のために使っていくわけ。
あなたの中をひとつに戻すために。そのバイブレーションは、分離して生み出した地球のだから。

まるで日常が変わるはずですよ、この生き方をしたら。もちろん習慣は出ます。習慣というのは、現実で何か起きたら、うわっとショックを受けて「なんとかこれを変えなきゃ」とかね。外に意識を向けていると、外(現実)のリアリティが感じられるから、言われたことや起きたことに、一喜一憂できる。

外に意識を向けてれば、一喜一憂をずっと繰り返しますけど、皆さんが戻るほうに意識を使おうって、その習慣はつけていくしかないわけですよ。

右手でずっとご飯を食べてた人が、左手に持ち替える時「はい。左手に持ち替えます」って、すぐ左手に持ち替えれる人はいないよね。気がつくと、右手だよね。だって無意識ぐらいに右手なんだもん。それが当たり前だから。だから左手に持ち替える時は、よっぽど意識をしないとね。

「左手でやってるかな? 左手でやってるかな」っていう意識を使わないとね。

例えばこう(普通に)歩いてた人が、こうやって(手足を同時に出しながら)歩いてくださいって言ったら、意識しないとできないでしょう。もうこれ(今までの歩き方)が普通になっちゃってるから。

「あっそうだ! やってない」ってこうでしょう。そこに意識を使い出してください。

つまり、今までは普通にあなたが創った現実を見て感じるっていうのが、ナチュラルにセットだったのが、現実をフラットにまず見始めてください。映像だって。それから始めてください。

今日、会場を出て帰るじゃない。歩きながら、街をフラットに見るといいです。

「これは映像なんだ。体験しているのは自分の中だけなんだ」って。

今まで普通に、１００％外に意識を使っていたから、バイブレーションを体験してると思いもしないじゃない。例えば、交通量があって、人がいっぱいでって、そっちにすごく意識がいってるでしょ。だから、バイブレーションを体験してるって思ってないよね。

でも映像をフラットにしてごらん。
バイブレーションを体験してるっていうのがわかるから。
フラットにした時に、自分の中にちゃんと感じてるのがあるのがわかる。

例えば、この会場を出るとしますね。そうすると車の往来があるじゃないですか。それをちょっと今、映像にして見ていただけますか？　車の通りがあって……、人がいっぱい往来してるの。

それで自分はここにいるんだけど、全部３６０度スクリーンにして、映像をただ見てるだけに、ちょっとやってみてください。映像です。よくあるでしょう。車が走る映画とかあるじゃない。
それを同じように、あなたが今日、この会場に来るまでの道で見たものを、全部映像で見るんですね。

そうするとさ、映像で見ると隙間があくじゃない、現実と自分との間に、一体感がないじゃない。
映像になって、隙間があく。

そして自分のほうを見てみると、今まで外に使った意識を自分に戻すと、
映像を見ながら感じてるものがあるでしょ。それが何かを感じにいかなくていいですよ。
ただ感じてるのはあるでしょ。

車を見て感じる、人の往来を見て感じる、バイブレーションがあるでしょ。

映画館で映画を見るのと同じです。

映画を見ながら、感じるものがあるでしょう。

それを同じように、映像にしたって、感じるものが自分の中にあるのがわかる。

で、それがただのバイブレーション。ただの地球のバイブレーション。わかります？


皆さんたちは今日、あなたの現実を全部スクリーンで見てください。スクリーンでね。

家へ帰っても、家族であろうと、友達であろうと、スクリーンで見て、意識をこっちに使ってください。

バイブレーションがあるはずです。


例えば、このホワイトボードを見てください。そうすると感じる感覚ってあるはずなんですね。

今度は椅子。椅子を見た時と、ホワイトボードを見た時と違うのわかる？　うん。

じゃ、海を思い出してごらん、海を見て感じるバイブレーション、また違うでしょ。

じゃ、山。どう？　また山を見ると違うでしょ。そんなふうに、バイブレーションは、いつも感じてるわけ。


だから、あなたの現実ね、現実をスクリーンで見て、その習慣をちょっとやり始めてください。

スクリーンを見て、感じているのは自分の中だけ。それが何かを、探りに行かなくてもいいんですよ。

さっきみたいに、これが罪悪感かな？　これかなって思わなくていい。

それは今まで、体験したくて行ってただけで。

戻っていく時には、そんな感じ方にはいきません。

その映像を映し出すのに使ったバイブレーションですので、そのバイブレーションに意識を向けて、
それを形にしていく。

今、街を歩いてました。で、見るシーンによって、バイブレーションがある。
それを黒い球体、重量感がしっかりある、ボーリング球の少し小ぶりなやつ。それで見てもいい。

いくつか、３つだったら、３つでいいです。それが何かなんて全然わからなくていいです。
わかったら、それは降りていって、体験にいってますから。わからなくていいんです。
ただ違うバイブレーションが３つあると。それだけでいいんだよ。

そして、それをさっきやったように、スロープをイメージして、
それを出して、３つなら３つ出して、ひとつにして転がしてください。
または、少し大きめだったら、ひとつずつ転がしてもかまわないですよ。
ただ必ず球体にして、転がしてくださいね。

三角形で見える人は、出したら、必ず球体にしてくださいね。このスロープで転がす時は、球体です。
その時、重量感と硬さだけはすごくしっかりとね。それを始めてください。

今日、家へ帰っても、今までは外にしか意識を使ってませんでしたので、
普通に反応して流れていったと思いますけど、意識的に生きてください。
意識的にスクリーンにするんです。

どれだけバイブレーションを使ってるかがわかるから。

そして、それが何かなんて、探りにいかないでくださいね。

「あーこうやってバイブレーションを選んで、シーンを見てるんだな」って思ってください。


映画館だってさ、映写室にフイルムを入れなきゃシーンは出ないよ。同じなの。

だから、あなたが見る現実は、見えてるってことは、波動を使ってるはずなんです。わかります？


なので、あなたの創り出す現実を見て、バイブレーションがどんなものって思わなくていいです。

ただの形で見ていいです、ウェーブで見える人もいるかもしれない。それでかまわないですよ。

でも、はずす時には形にしてください。そして球体にして転がしてください。

まずは、すごく外に意識を向けて、それが眠るということでしたから、
強く強く意識を向けて、この惑星に、三次元に存在してきましたから、
その外向き、外に使ってきた意識を、少しずつですけど、戻していく必要があるので、
今日はこれをやってくださいね。

おもしろいでしょ？　おもしろいよー。

この制限の磁場から抜けていく。本当に抜けていけますからね。

まずは、もう本当にはまってしまってるぐらいですので、少しずつ揺らして、
これがはまってるってことを気がついていかないと、あまりにも当たり前だからね。それを始めましょうよ。

何か質問ありますか？　はい、どうぞ。

S　いつも起こった現実をスクリーンに映し出して、色と形で球体にして転がすって言うんですけど、なんでこのフィーリングだけ起きてるのかわからない時って、どういうふうにすればいいですか？

AYAKO　同じです。フィーリングはバイブレーション。どんなフィーリングも、ただのバイブレーションですので、引き金になる現実がなかったとしても、それはどんな形をしてるだろうって、形にしちゃっていいですよ。わかります？

さっきやったように、そのフィーリングを感じていくんじゃなく、そのフィーリングは色は何色だろう、材質は何にしよう、形は？　重量感はどのぐらいだろうって。自分で言うんですよ。そして実際口に出したほうがいいです。

私たちは外に意識を向けて眠ってきたので、外がすごいリアルでしょう。テーブルがあるでしょ。グラス、見えるでしょ。私の手の上にあるリンゴって、どう？　ぼやけてるでしょ。(テーブルを叩きながら)これほどはっきりしてないでしょ。わかる？

イメージのほうが薄いですよね。私たちが、イメージすること。例えば、じゃ、あなたのそのバイブレーション、何色にしましょう。色をピンクに決めたとする。じゃ、材質何にしよう、鉄。重量感はどのくらいにしようか、一億トンぐらいにしましょう。じゃ、形は、惑星レベルって言った時に、イメージしたものがこの机より薄いのは、外に強く意識を向けてきたからなんです。

私たちはフォーカスしたほうをリアルに感じるんです。

自分のほうに意識が戻ってくれば戻ってくるほど、イメージがリアルになってきます。わかります？

だから、今あなたが言ったフィーリング、それもただのバイブレーションじゃない？

どれも地球のものだと思ってください。ワクワク以外は全部です。全部転がしていいです。

ワクワクも転がしても全然かまいませんからね。これはどうしようって悩んだったら、転がしてください。

全然そんなのは大丈夫ですから。転がしても、もっとワクワクしますし。


今のフィーリングが出てきて、訳もなく感じるそれも、あなたの中の分離から生み出されてるもの。

なので、「あー、じゃ、これは何色だろう。」口に出すんだよ。


なぜ口に出してくださいって言ってるかというと、さっき言ったように、
外のリアリティがすごく強くなってますから、口に出すことで、意識をこっち（自分のほう）に使おうとするんです。

色を見ようとします。色は何色、ピンク。材質はね、すごく硬いのって、鉄。

重量感は一億トン。その一億トンあるっていうのを感じようとします。

大事なんだよ。リアリティを持って統合するんだよ。わかる？

「あっ1億トンね、色はピンク、鉄ね」って、こんなんじゃ、意識は外だからね。
本当に、あなたが見ようとするものに意識を１００％向けて、色、重量感、硬さ、
しっかりリアルに体感してください。

わかる？　今までは、フィーリング（バイブレーション）は、出てくると普通に感じてたでしょう。

例えば、さみしいは「さみしい」と感じてた。

これからは、さみしいであろうとなんであろうと、色、形、重量感、それから材質の硬さを体感してください。

そして、それを手放してください。ＯＫ？

Ｓ　はい、わかりました。ありがとうございました。
AYAKO　どういたしまして。他には？　はい。
Ｋ　すみません。えーっとですね、抜けてる方の感覚が知りたいので、聞きたいんですけど。
AYAKO　抜けてる？　（会場　笑）
Ｋ　すみません。例えばですけど、あやこさんが歯医者に行こうとして、遅刻しそうになったとするじゃないですか。その時何をどう感じるんですか？　行こうって走って行かれる方もいらっしゃいますけど（会場　爆笑）
AYAKO　私は目を覚まして生きるほうを選んでいるので、
乗り遅れて遅刻って、例えば「遅れた！」っていうのが出たら、そっちに興味を持ちます。

この地球のバイブレーションを手放していくことに使っちゃうんです。

だから、そのままの状態にはならないんです、私。戻っていくのに、すべての現実を使っていくので。

普通だったら、バスに乗り遅れたら出てくる感覚がありますよね。

「えーっ、電車にも乗り遅れる！　えーっと、歯医者の予約は？」ってこうなりますよね。

これ今までの生き方。普通でしょ？

でも、目を覚まして生きるというのは、自分に戻っていく生き方だから、どのシーンで生み出したバイブレーションも、自分の中を統合していくのに使っていくわけです。どの現実のシーンも、自分が戻っていくのに創ってるという見方をするんです。わかるかな？

今までは、体験するために創った現実です。

嘆き、絶望、悲しみ、さまざまなフィーリングを体験するために結晶化してきた現実。

ところが、目を覚ます角度というのは、目を覚ます生き方を選ぶということは、創った現実を、戻っていくのに使っていくわけです。

実際ね、本当に私たちは、現実の結晶化っていうのは、自分が自分に戻っていくために創ってるんです。

だから、こうじさんね。さっき言った「あっ間に合わない。えーこうこうなるじゃない」って、感じていくのは、今までの生き方。

でも、もし私がバスに乗り遅れたとしたら、私自身の中では、遅刻してしまうからどうこうっていうのは起きないですね。起きないんです。

例えば、例えばですよ、私の中で「どうしよう」って出たら、それをチャンスにしちゃうんです。すごいチャンスにしちゃいます。「どうしよう！　遅刻しちゃう」っていう地球のバイブレーションが出たら、それは、もうバッチリ統合するのに使っちゃう！　（会場　爆笑）

だって目を覚ましていくんだもん。流されていかないですよ。

出てきたものを味わうほうには行かないですよ。

ましてや、現実をなんとかしようなんて眠ってはいきませんよ、全然。

だから、もしそういうバイブレーションが出てきたら、「あーなるほど。これよね」って思いますよね。


現実は中立で感じてるのは自分の中だけ。

わかる？　現実とくっついちゃうと、現実をどうにかしようとしますよね。

もう目が覚めてくると、くっつかない、現実と、出てくるものが。くっつかなくなります。

自分のほうに意識を向けていますから。


だから、私がなんかイライラしたり、そういうの感じたら、それはもうすごいチャンスだと思っちゃいますね。

「あっ、こんなのが出てきてる。」　現実はどうせ中立だから、

「あっ、じゃ、このバイブレーションに気づくために、この現実を結晶化したんだな」って。

そうなのよ。これを持ってるって気づくために、その結晶化をしてるんです。わかる？


このバイブレーション、イライラでもいいですよ。「あっどうしよう、間に合わない」みたいな。

「長いあいだ使ってきたな。このバイブレーションいろんなところに……」って、感動して統合しますよ、私。

目を覚まして生きるってことは、
意識をこっち(自分)に使ってますから、現実のほうに走っていったりしないです。

だから、起きてることで出てくるものは、それは統合して先に進むことだっていうふうに思ってます。

それにチャンスですよ、すごいチャンスです。

「あー　どうしよう」なんて出てきたら、すごいおいしいチャンスよね。

「なるほど……。このバイブレーション、長いこと、これ使ってきたな」って、この現実は、これがあるということに気づくために、映像化をしたんだなって。わかる？ バスに乗り遅れるということで、生み出したように見えるけど、バスを乗り遅れることで、自分の中にあったもの、地球で使ってたものを気づくために、バスを乗り遅れたんだなってわかります。

で、これを統合するでしょう。
そうすると、シフトしちゃうから、なんてことはないですよね。どうすればいいかが見えてくるもん。シフトした次元で動くから、すべてが上手くいっちゃいます。
だから、そこに出ないで、ぶつかりながら、こうしなきゃ、どうしようって、それは眠った生き方ね。現実がむずかしくなっちゃう。

そうじゃなくて、目を覚ました角度を、皆さんもこれから使っていくんだよ。まだ最初は慣れないでしょう。だんだんよ。そのためにもクラスがあるわけ。だって長い間、何世紀も眠ってきたんだよ、私たち。

本当にほどいていかないと。もう条件反射で走ってるもん、現実に。もう起きてることを追ってってるもん。「あーーーーーー」みたいな。（会場　爆笑）

K　例えば、私、仕事で、日々の業務に追われてしまっているんですね。
人材紹介をやっているんですけど、求人中の方に電話をしなくちゃいけないって追われてるんですけど。追われない生活をイメージしているんですけど（会場　爆笑）　追われてる次元で追われないように？

要は、どうしていくとそこから……？

AYAKO　だからね、結局、自分が創り出してる次元、頭ではわかってても、自分が現実を創り出してるって、本当の意味で思ってないじゃない？

自分が追われてるように感じるバイブレーションを、選び続けて映像化しているだけです。

だから追われてるように感じてるんでしょ。だから、そういう結晶化ばっかり見えるんです。

「やることいっぱい。こんなに山積み。あれもこれも、猫の手も借りたい！」ってなるんです。（会場　爆笑）

これは、外が起きてるんじゃない。

あなたが今言った、追われてるように感じるバイブレーションを選び続けて、映像化しているだけです。

結晶化してるだけ。

あなたが創り出している次元です。

そこから出ていくんですよ。そこから出ていくんです。ひとつずつね。

忙しい人って言いますけど、忙しさもバイブレーションなんです。

本当は、先に忙しさがあるんです。「あー忙しい！　これもこれもこれもこれも……」って、このバイブレーションでエンドレスで忙しいことを引き寄せ、忙しい現実を創り出しているだけです。

忙しいからといって、たくさんのことはやれてないと思うよ。（会場　爆笑）　そういうエネルギーになると、目の前の鉛筆立てを、右から左へ動かしたって、「あーもう疲れた！　今日」って思えますから。

たいそうなことやってないと思います。複雑さの中でぐるぐる回ってると思う。

だから、私、自分がやってきたのも、そう見えるわけです。

あーなるほど。私って、24時間のうち、ほとんどの時間を、自分と離れた生き方をしてきたから、もうそれだけで、複雑さを生み出して結晶化してきたんだな。

それを体験し続けるから、忙しいように見えるだけなんだっていうのがわかって、

「それはもういいかな、私」って思って。


だから、私がすごくゆったりした時空間にいて、みんな何を忙しくしているんだろうって見た時に、

「あっ、複雑な時間をすごく持っているんだ」ってわかるわけです。


つまり、自分と離れた時間って、自分と離れると、複雑さの枝葉を生み出しますからね。

だから、複雑さの枝葉に、実がなっていくわけですよ。

そしてあたかも、それを取らなきゃみたいな感じで。


どんどん自分と離れて、複雑にして、それに対応するのに忙しいんだってわかるわけです。

本当はシンプルなのに。


それはあなたが生み出してる次元なの。生み出してる現実なの。選んで、それを体験してるんです。

その波動を選び続けるあいだは、もう手を変え、品を変え、忙しく、あなたがその波動を体験できる。

もう「世の中なんて、こんなもんだ」っていうようなものを、ずっと体験できます。

これがさ、地球での体験の仕方なんです。

外に意識を向けて、出てくるバイブレーションを体験し続けるわけです。

だから、もうやれどもやれども、次から次から、どうしてこうトラブってくるわけ？って。


ううん、創ってるのは自分だって！

いろんなことを味わいたくて、味わいたいくて、自分と離れて、
あたかもいろんなことが押し寄せてくるがごとく、ものすごいリアリティを外に持って、

「これもダメ、あれもダメ、やり直さなきゃ。こうしなきゃ。じゃ、これはどうか」って、結局ずっとそこで。

でも、これが体験なのよ、地球での。


映画館で、映画を見るとするでしょ。

あなたが映像にすごく意識を向けると、映画の映像もものすごくリアルになりますよね。

映画の中に、入り込んでいく時があるでしょう、わかります？
「あー危ないっ！」ってなる時があるでしょ。
強く強くフォーカスをするから、それがすごくリアルになって、
そのうちあんまりリアルだと、映画だということを忘れて、スクリーンに走ってって、なんとかしようとする。

自分の現実も同じ。スクリーン（現実）に行って、どうにかしようとするでしょ。

でも、あなたはずっと映写機を回しながらやってますよね。

自分で映像を映し出しながら、どうにかしようとやってるわけですよね……、外（現実）をやるってことは。

だから、あなたが創ってる現実を変えるには、この回っているフィルムを止めないとね。

あなたが選んだ波動で映像化したのが現実なので。あなたが選んだバイブレーションで映像化したのが現実。

でも、そういうからくりがわかってしまったら、地球での生き方を堪能できない。
忙しさも、情けなさも、ひとりぼっちも堪能できない。
だから私たちは、外に外に意識を向けて、
映写機がここで回ってることを忘れて、どんどんどんどん眠っていった。

あなたが出て行くのは、もうこの眠った次元から、目の覚めたあなたの高い意識、自分の次元です。

そこに出て行くのがアンフィニなんです。

もちろん、生き方が変わらないと、いつまでも、それはやります。
もう日常、外に意識を使って、走り込んだりするのではなくて、
使ったバイブレーションを手放していく生き方に変わっていくと、さっき言ったように、
どんな現実を創っても、ものすごいワクワクしながら戻っていきますよね。

「イライラ」だって、「力のなさ」だって、「できない」だって、「パニック」だって、
ぜーんぶ、私たちが惑星に降り立ってつけた分離の線から生み出した、地球のバイブレーションだよ。

どれも、どれも。感動じゃない！

これを、私たちは手放して、つけた分離の線を統合して、もとの高い意識に戻っていくんだよ。

それは、すっごく豊かなことだと思わない？

だって、地球ですごく嘆き悲しむ体験もできたけど、体を持っているあいだに高い意識に戻って、自由な意識でなりたい自分になって、この物理次元を本当の意味で楽しんでいける。わかる？

今回のクラスは、本当にここからの視点で見てますので、
鍵を受け取るマスターコースの後に、日常で完全に生き方にしていくライフコースをセットしたわけです。
目を覚まして生きなきゃね、意味がないでしょ？　日常また眠ってたら、意味ないでしょ。

「あーわかった！」って一時の垣間見は、つまらないですね。

本当にそれだと、今の惑星には合わない。

本当にここ（概念のない次元）に出た人たちが出てくるのが、今のこの惑星ではナチュラルですから。


だから今、あなたが質問したことを、よーく覚えておいてください。

そのうち「こんな質問してましたよ」って、私が言ったら、

「そんなこと言ってたんですか？」って言うようになりますから。

同じ惑星にいても、体験がまるで変わりますから。


あなたと離れた生き方をしてるあいだは、ずーっとなんかやることがあるような。

あなたが波動だって気づいてないから、もう外、外で起きてるって思うから、もうすごい外のリアリティ。

「もう忙しい！　これもやらなきゃ……」次々に、これで生み出してるとは思ってないから。わかる？

その長い歴史、地球での体験の仕方の歴史が、今、変わろうとしてるんですね。

分離も、力のなさも、ワクも、法則も、ここまでっていうのも、小ささも、もう十分味わいきったから、本当に体験しきって、エクスタシーでいっぱい味わいきったから、もうそろそろ戻ろうかという意識が圧倒的になったから、この惑星で多くの意識の同意が起きたからです。

だから、惑星が三次元から四次元に動き出したんでしょう。
私たちは高い意識に戻っても、この惑星で存在できるようになった。

今までと同じように、眠るほうが圧倒的で、眠っていくほうに流れが起きてくところで目を覚ますっていうと、ほんの一部で、目を覚ます環境でもないし、たとえ覚ましたところで、誰もいないみたいなね。

今は逆です。本当に同意が起きたんで、上昇気流が起きてるし、そして、何よりも体を持ってるあいだに、使ってなかったもとの大きな意識、宇宙と同じ意識を使って、この惑星を楽しむっていうのは、すごいエクスタシーだと思いますよ。答えになってました?

K　はい、ありがとうございます。

AYAKO　はい、よかったです。体験してるのは、そういうこと。
やることいっぱいあって、ずーっとずっとなんです。ねえ、こうじさん。
今言ったのは、典型的な地球の波動なんですね。「これもやらなきゃ、あれもやらなきゃ」でしたっけ?

K　はい、そうです。

AYAKO　言葉にするとね。でも、ただの波動なの。皆さんたちはこの波動を読んでるだけなの。

例えば、この波動が出たら、「悲しい」って読んだりとか。

言葉にして「悲しい」って言ってみて、「あっ悲しい」って感じたりとか、そんな感じなの。

だから、こうじさんの今言った、「あれもやらなきゃ」もう一日が、なんていうんだっけ、あーゆうの。
一日が何時間あっても足りないぐらい、やることがあってあれもこれもって……
「時間に追われてる！」（会場　笑）
みんな、時間に追われてるっていうのは、よく知ってるでしょ、そのバイブレーションって、
結構、感じれるでしょう。それをちょっと一度やっておきましょうかね。

もうこの「時間に追われてる」で、立ち止まらなきゃエンドレスです。ずっとずっとずっと。

「あーもうこの仕事が合わないいんじゃないか」「もうこの人間関係はいけないいんじゃないか」

「自分じゃなく、外なんじゃないか」って思い始めますからね。


では、そのあなたが、日常使ってらっしゃる、そのバイブレーションですよね。

その体感している、そのバイブレーションで、結晶化、映像なんです。


だから、まず、こうじさん。自分の会社があるじゃない。

そうすると、そこで起きてる、ざわついた映像って、あるでしょ。電話が鳴って、どうのこうのって。

まず、ちょっとそれをスクリーンに映し出した映像で見てください。

あなたの創ってる現実です。判断も何もいらない。

ただ中立に、忙しそうに見える、そのあなたの仕事場を映像化してください。

あなたは外にいてね。外にいて、映画館の中央に座っていてください。そして、それを見てください。

あなたは普段その映像（現実）を見ると、追われてる感じの感覚を感じるんですよね。いいですか。


じゃ、中立に見てください。電話が鳴って、うわっと人が動いています。

やらなきゃいけないことがいっぱいあるような映像を、映画のように見てください。

そして、その日常のあなたのシーンを見ると、あなたは時間に追われてるような感覚を感じるんですね。

それでOKですか？

K　はい。

AYAKO　じゃあ真逆ですよ。外に意識を向ければ、実際それが襲ってくるようになって体感も強烈ですけれど、目を覚ます角度は、意識をこっち（自分）に向けて、こっち（映像）をフラットにして、感じてるバイブレーションのほうにフォーカス（意識を向ける）をします。
で、その時間に追われてるって感覚も、
感じにいくのではなく、形にするほうにフォーカス、エネルギーを使ってください。
では、その時間に追われてるっていう、あなたがその長い歴史、使ってきた地球のバイブレーションは、どんな形をしていますか？

K　ゲジゲジ。

AYAKO　ゲジゲジ。大きさはどのくらい？

K　3メートルぐらい。
AYAKO　はい。ゲジゲジの3メートルの長さ。はい。
ゲジゲジって虫さんみたいなゲジゲジ？　それとも球体のゲジゲジ？
K　虫みたいな。
AYAKO　はい。ゲジゲジの形です。じゃ、材質は何にしよう？　すっごい重量感のあるやつ。
K　ブロンズ。
AYAKO　ブロンズ。重量感をすっごくあるのにしましょう。古いものですので、一億トンでどうでしょう。
K　はい。
AYAKO　いいですか。はい。1億トンっていったら、持ったことはもちろんないし、想像を超えてますよね。

惑星級の球体になると思うんですよね、1億トンていうと。じゃ、ゲジゲジの形をしたブロンズでできています。

そして、大きさは3メートルぐらいって言いました？
K　はい。
AYAKO　そして、もちろんその形ですよ。

で、ブロンズですから、硬くて重量感は一億トン。

じゃ、両手でそれをこうやって持ってください。ブロンズで硬さと重量感ありますね。1億トンですよ。
K　はい。
AYAKO　はい。そしたら、それをスコンと前のほうに出して、出ました？
K　はい。
AYAKO　そしたら、それをきれいな球体にしてます。おっきな球体にしてください。
それこそ惑星級の大きなブロンズの球体です。1億トンですよ。なりました？
K　はい。

AYAKO　はい。じゃ、ずっしり重量感を感じて、もちろん持てない重量感です。想像を超えています。中までガチっと硬いブロンズの1億トン、地球の古いバイブレーションです。

はい、それを目の前のスロープにのせて、両手をスッと放して、重みで、ゴロゴロゴロゴロ……と、きれいにまっすぐ転がっていって、中央の穴にストン。はい、深呼吸。転がりましたか？

K　はい。

AYAKO　では、前をパタンと大きくあけて、そして、残りをひとつ残らず、あなたの意識のすみずみからいっぺんに集まってきます。そして大きな風穴をあけるから、大きな球体にしましょうね。

残りが、あなたの意識のすみずみから、はい、シュっといっぺんに集まってきて、ガチっと硬い、ずっしりと重量感のある球体になります。なりました？

K　はい。

AYAKO　はい。そしたら、スコンときれいに抜けます。大きな大きな風穴があきます。

前に出した、ずっしり重量感のある球体をスロープにのせましょう。

スッと両手を放して、重みでゴロゴロゴロゴロ……と、きれいにまっすぐ転がっていって、中央の穴にストン。はい、深呼吸。

大きくあいた風穴に風を通してあげましょう。

前から後ろに、ふわーーーっと、

なんの法則もない、なつかしい風が前から後ろに通り抜けていきます。

足もとにはアンフィニの磁場。東西南北、見渡す限り、地平線まで広がっています。

そして、皆さんたちのが、ストンストンストンと中央の穴に落ちたので、
ぐわんぐわんぐわんぐわんと波打って広がるアンフィニの磁場に、
光のウェーブが、幾重も幾重も幾重も幾重も広がっていく磁場に、しっかり立ってください。

そして、その磁場の上で、大きくあいた風穴に、なんの法則もない、なつかしい風を
前から後ろに通してあげてください。足もとには、アンフィニの光の磁場が波打って広がっていっています。
ウェーブは、幾重も幾重も光の波紋のように広がって、アンフィニの磁場のすみずみまで広がっていっています。

その磁場の上にしっかりと立って、
足もとがクリスタルのように見えて、そのクリスタルの裾野がぐぐぐっと、
宇宙と同じ、なんの法則もない磁場にグランディングしていくのを見てください。感じてください。

今度はね、両側に壁のように、遺跡の石でできたような厚みのある壁がね、
こうあなたの両側にそびえるように、すごく厚みのある壁が。わかります?

それを、ガラガラガラっと崩していくと、
すべてひとつ残らず球体となって、
ダーーーーーーと中央に集まってきますから。

そしたら、正面のスロープをワイドにしてあげて、
ぜーんぶ集まってくる壮大な数の球体が、重なり合うことなく、
正面のスロープをきれいに転がっていくのを見てあげてください。

他の皆さんも、ガラガラガラ……と厚みのある壁が崩れ出し、
そのひとつひとつが全部球体となって、
ダァーーーーーッと中央に集まってきて、
それが全部正面のスロープにきれいに、
ダァーーーーーッと、スロープをワイドにしていると、
壮大の数の球体も重なり合うことなく、
きれいに転がっていきますね。

古い地球のバイブレーションです。

どんな感じですか？

K　はい。すっごいスッキリしましたね。

AYAKO　ね、すっごいスッキリ。つきものが落ちるような感じでしょう。（笑）

あのね、どんどん変わってくるよ。むき身のたまごみだいに。

結局、私たちは普通に、制限に満ちた地球のバイブレーションを使っていたんだよね。

「これは、こう。こうだろう」「こうしたら、こうなるだろう」

だから、本当に体験してきましたからね。

……ないんですよ、本当は。

だからね、仕事をやるんでも、概念で満ちた次元で、自分の学んだ通りの形を創り出すんじゃなくて、あなたがその概念の磁場から抜けて、法則のない時空間、あなたの次元に出て、そこで同じことを、仕事にしても、同じことをやってごらんなさい。全然変わっちゃうから。

K　ワクワクしますね！

AYAKO　そうです！　もうそろそろそういう人たちが出てこないと、地球で。

そうやって生きていいんだって、ぶつかることのない次元です。摩擦がないですから。

さっきね、あなたが聞いたでしょ。バスに乗り遅れたら、どうしますか？　みたいなね。

私は、そのときに出てくるものに意識を向けてますから、「えーどうしよう」っていうのが出てきたら、

「チャンスだ」と思って、これを見つけるために結晶化してるだけなので、それを統合します。

統合すると、シフトを起こしちゃいます。

そうすると、何も起きてないのがわかる。

例えば、出てくるものを感じるって、
この中（概念の中）に入らなきゃ感じれないいんですよ。

私は統合を進めてきているので、もう『感じる』までは、いけないのですけど、
ここ（概念の外の自分の次元）は、安定した、すごい調和の次元ですので、なんにも起きてないのがわかるし、
「あっ、このことを見つけるために結晶化したんだな」って自分でわかるし、
それを完結したら、すべてうまくつながっていくのが見えてくるんですよね。
実際、現実はそうなるんですよね。

だから、私はなんてことはない、そこで見えたことに行動するわけです。そして、わかってるわけです。

この次元に出てれば、すべてがうまくいくのはわかってますから。

そして、この音で言うから、調和がとれていくんです。

焦りの音で言って、焦りを生み出していってるんです、みんな。わかりますかね？

焦りのバイブレーションで音を出して、焦りを体験するようなものをいっぱい結晶化してるんです。

その次元から出て、調和のとれた自分の次元で話すと、同じことを話すのでも、まるで違いますので、
すべてがうまく、一番いい配置に動き出すんですね。

それはあなたが体験していってください、自分につながってって。

もうそれがわかってくるから、生き方にしてくると。

で、もうワクワクするわけです、すごくね。

またひとつ見つけて手放して、シフトをまたさらにしてるから、ワクワクしてくるわけですよ。

そして、そこで見えることに動くわけですね。
そうすると、もう現実というのは、自分が与えた意味を体験しているだけだし、粒子なので、
私がシフトすると、固まろうとした粒子が消えて、新しい波動で新しく創り出すわけです。

例えば、歯医者さんでしたっけ。電話をした時に「あっ、ちょうどよかったです」ってことが起きたりとか。

でも、それはラッキーではないです。当たり前のことなの。それがわかってくるのよ、自分の次元に出てくると。

どう？　答えになってる？

K　はい。スッキリしました。
AYAKO　はい、よかった。そうなの。

私たちは本当に長いあいだ、自分と離れたことで生み出したもので、
痛みを感じたり、壁に感じたりしてたんですね。
自分につながってくると、壁はなくなります。
摩擦もぶつかりもない。

そして、あなたはわかってくる。

自分につながって自分の次元に出ていくと、ここでは見えなかったもの、ここでは概念しか見えないからね。

そうでしょ。「できない」「やれない」しか見えない。

でも、この次元に出たら、みんなが完全な意識で眠るのを選んでただけだって、見えてくるので、
誰もがここに出てくることを選んだら、なりたい自分になれるのは当たり前のことだってわかってくる。
それはナチュラルなことだもん。私たちが自分につながっていったら。

今まで、離れていたから、概念でぶつかったり、制限を使ったりして結晶化をしてただけで、
あなたがその磁場から抜けて、自分の次元に出たら、
それは、やりたいこと、ワクワクすることを映像化したり、結晶化していくのはナチュラルなことだもの。
そういう人たちがたくさん出てきたら、惑星は全然変わってしまうでしょ。

ぶつかるのが当たり前、山を超えるのが当たり前、摩擦を起こしながら、頑張るのが当たり前。

そんなふうな生き方が当たり前だったのが、

その次元に出た人たちが出始めて、
概念のない波動を出し、そこがあることが本当にリアルだって、感じさせるからね。

それは皆さんたちにとっても、なつかしい次元ですから、自分の次元だもん。

眠ってたほうが、すごかったんだから。波動を下げて制限をいっぱい体験してたほうがすごかったのよ。

すごいことをやれたのよ、私たち。どうでしょうか？

K　ほんとそう思います。

AYAKO　ねえ！

K　ただ、さっき言っていただいたように、否定的なことを言うことによって、よりリアリティを感じる……

AYAKO　そう！

K　ということをやっていたと思います。

AYAKO　だから、日常、皆さんたち。

今日、この瞬間から、帰りながらスクリーンよ！　まずそこから初めて。よちよち歩きだと思ってください。

全部スクリーンで見るの、あなたの現実も家族も……。どんなシーンも映像で見るのをやってきてください。

映像で見て、（スクリーンを指さして）こういうスクリーンでね。白い壁に映し出されるシーンでもいい。

映像を見て、体験するこれ（自分の中を指さして）、これでこの映像をしたんだなって、思ってください。

その見方をやってきてください。わかる？

これは何だろうって、入っていかないでくださいね。

これが「罪悪感」とか、これが「さみしい」だとか、わかっていかなくていいです。

ただの映像で見た時、体験してるものがあるじゃない。

その波動を使わなくては、映像（現実）なんて、映し出せませんから。

だから、ないってことはあり得ないです。そうでしょ？

映写室でフィルム入れなきゃ、映像出ないでしょ。

だから、あなたの日常という現実は、あなたが選んだバイブレーションで映像化していますので、
その映像の凸凹感ではなく、それをフラットに見て感じるこの感覚を、
さっき言ったように、波みたく、バイブレーションとして見たら、
形にして、重量感と硬さにして、いいも悪いもないです、全部こうやって、転がしてくれる？
それをやってきてください。

それをやることで、皆さんたちは、すごく強く強く意識を外に向けてた矢印が（ボードに書きながら）、
こっちに戻ってくるのを体験しますから。わかる？

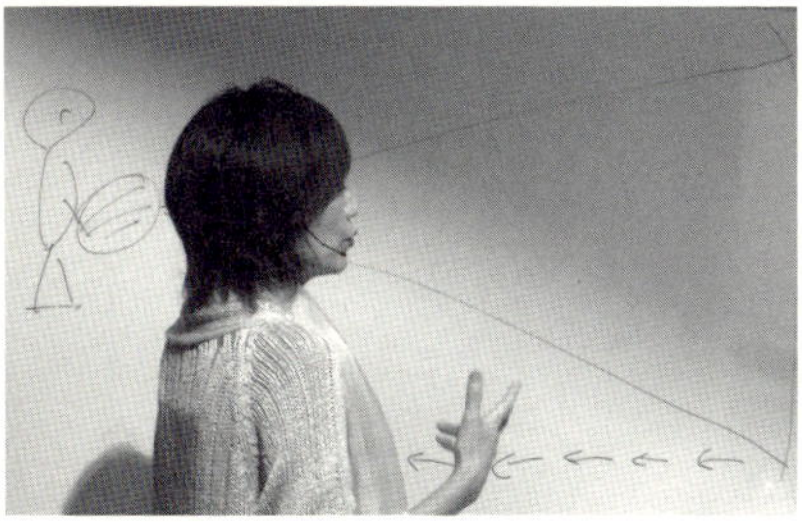

フラットな映像で見えない時には、完全に外に意識を向けてますから。

でも映像として見るということは、こっち（自分のほう）に意識を使い出すということです。

そして映し出すのに使ったバイブレーションを、形にして手放してください。

さっきみたいにシンプルにね。

あなたの日常に帰って、感じるこの感覚、

「これは材質、何にしよう？」もうやるのは、材質と硬さと重量感。

そこに意識を使うだけ、エネルギーを。


こうやって見て、そのバイブレーションの色は？　形は？

もうこれからは、本当に重さと材質と硬さだけに意識を使うからね。

そして、さっきみたいに出して、球体にして転がしてください。わかった？

H　例えば、歩きながらもやるってことですか？
AYAKO　歩きながら、うん、歩きながらね。例えば帰り道ね、歩きながらスクリーンで見ましょう。

歩きながらは、やりにくいと思うので、まだ。だから、スクリーンで見る習慣をしてください。

で、家に帰ったら、自分の現実を創ってるわけでしょ？　それで転がしてください。

H　例えば、家族と一緒にこう、しゃべっていることをずっと映像化してる時も、
自分の部屋に戻ってから、それを思い出してやるわけですか？
AYAKO　もちろんね、家族と話しながらやれるといいんだけど。

H　なんかひとりごとを言ってるような形になるかなあと思ったんですけど。

AYAKO　ひとりごとになります。

H　なんかね、歩いてる時なんか、こうしてこうしてこうしてって、歩いてる時なんか、特に。

AYAKO　そうですよね。

H　で、家に帰った時もこう、対応してこう、なんだかんだ言っている時に、その映像というものは、まさか目の前にいる時にやるわけにはいかないので……。

AYAKO　どうして？　まさか目の前でやるわけにはいかないの？

まあ、最初は皆さんたち、すごく外に意識を向けてますから、人の目が気になるし、そういうことばっかりです。だけど、あなたが踏みとどまらないとね。外に使ってた意識を。

だから、家族の前で家族と話ながらっていったら、最初は、完全に外に意識を向けながら話しますから。でも意識しててください。こうやって眠ってたんだなって意識してください。わかります？

話してたら、たぶん完全に外に意識を向けて話してます。今は、今は、ね。目が覚めてくると、こっち(自分)に意識を向けたまま話すようになるし、概念のない音を出すようになりますけど。

最初は話し出したら、外に意識を使いますので、今みたいに意識的に、もうそこでずっと話を続けるんじゃなく、ああそうだ、あんまり長くそこでやると見えなくなっちゃうから、ちょっと席を立って、そして、その感覚を一度、あなたの部屋でもいいから、転がしてっていうのをやってください。わかる？

H　わかりました。

AYAKO　本当は、道を歩きながらこうやって見て、スクリーンに見えたら、もう形が出てきますので、歩きながら統合する、それはもう、かんたんなんですけどね。

こうやって歩きながらも、自分が磁場の上で歩いてる、光のウェーブが波打っているところに歩いてるのを見て、3つぐらい出てきたら、それをもう球体で見て、ひとつずつが1トン級だって、その硬さと重量感をしっかり感じて、それを3つとも出して球体にして、こうして転がすっていうのは、かんたんなことですけどね。

やれたらやってください。本当はやったほうがいいですね。

だって、やらないってことは、今までの生き方をするってことじゃない？　わかります？

H　あの、転がすところだけでいいんですか？　そのあとシュッと集めて転がす、工程がありましたけれども？

AYAKO　はい。もう転がすだけでいいです。最初は。最初は、動きながらでしょ？　言っているのは？

H　はい。

AYAKO　帰ってからはね、あんまり話に夢中にならないでください。

話し出したら、外にずーーーっといきますから、今は。だから、途中で止めるってことよ。

今までは、ずーっと話して、そこを増幅させてきましたけれど、途中で止めて、映像をフラットにして、それを手放していくことをやってくださいね。ＯＫ？

H　はい。

AYAKO　そのときは、シュッと集めてやれるでしょう。

H　はい。

AYAKO　それを使い出してください。いいですか？

H　はい。

AYAKO　それをやってください。でないと、本当に長い歴史、眠るために外に意識を使ってきましたから。立ち止まらないと、この磁場から抜けていけないです。まずは、スクリーンで見るってとこから始めましょうか。ＯＫですか？

H　はい。

AYAKO　まずはさ、まずは、今日言ったように、フラットな映像にして、今日やったように、この感覚を、それが何かってわからなくていいから、材質が硬く、重量感があるものにして、その何トン級だけはしっかり感じて、スコーンと出して転がす。それを、始めてください。それが、あなたが外に使ってた意識が戻ってくることをやってますから。いいですか？

M　意識するものは、減ったほうがいいですか？

AYAKO　はい？　どういうこと？

M　あの、意識するものが少なくなったほうが、自分の内側に意識がいくってことですかね？

AYAKO　え？

M　だから、あれこれいろんなものを見ないっていうか。例えば、テレビを観ないとか。

AYAKO　そんな不自由な。

M　それは、自由？

AYAKO　それは自由です。自由に本当にしたいことをしながら、意識が外に向いてるんだなってことを、気づいていけばいいです。「あっ、こうしてすごくのめり込んでいくんだな」って。立ち止まって、スクリーンにして、今感じている、これを手放していこうってことを始めてください。それでOK？

M　はい。わかりました！

AYAKO　そんなことしたらさ、現実を捨ててお坊さんになる？（会場　爆笑）ちっとも楽しくないじゃない。そうじゃないのよ。

本当にあなたが創ってる現実の中で、自分を見ていて、本当に現実にのめり込んでいく様も見えてきますから。今までは当たり前だったことが、ズームが引けて、「あーこうして本当に外に強く意識を向けてきたんだな」って見えてきます。

まずはさ、まずは、今日言ったように、フラットな映像にして、今日やったように、映像を見て感じるその感覚を、それが何かってわからなくていいから、形、材質が硬く、重量感があるものにして、その硬さや何トン級だけの重量感はしっかり感じて、で、スコーンと出して磁場に転がす。それを始めてください。

それが、あなたが外に使ってた意識が、戻ってくることをやってますから。いいですか？

今の話だと、統合して手放していくっていうより「意識しちゃダメなのね！」ていう感じになっちゃうから……。

それじゃ目が覚めていかない、そんなふうにしなくても大丈夫。

今やったことをすごくシンプルにやってみてください。で、明日ここでお会いしましょう。

ね！　それでＯＫ？

M　はい。

AYAKO　答えになってます？　いいですか？　あ、質問？　いいです、どうぞ。

A　あの、１月１７日のイベントに参加した時以降に、メソッドを使って統合をやっていたんですね。
そうしたら、現実がシフトして変化が……、すごく大きなものが来て。
例えば、仕事をしなくてもよくなったり、家を引っ越さなきゃいけなくなるかもしれないとかっていうふうに。
私も気がついたら、統合をするようにしていたんですけど。たぶん私にシフトというか、変化があって、
こう現実がどんどん変わって来てるんですよね。
これも、それをチャンスにして、一喜一憂せずにって、こう、統合を続けていくと、本当に見えていくというか、
次、何をすればいいのかっていうところが、まだ私はわからないので、そこに出てないので、結構、混乱して、
また統合して、混乱して統合してみたいな感じなんですけど。どうしたらいいでしょう？

AYAKO　何がどうしたらいいの？

A　その、変化をしていって、で次に、例えば、自分が住みたい場所であったりとか、じゃ仕事は、次はこのことがやりたいであったりとか、その自分の中でやりたいみたいなのも出てきたりとかして、でもこれ、これをまた結晶化して……結晶化するのかな、どうなのかな……

AYAKO　あのね、今の話を聞いていると、現実が変わっていくことに意識を使っているのわかります？

A　はい。外側に、やっぱ一喜一憂してしまって。

AYAKO　うん、っていうか、現実がよくなることに興味があるような。

私たちが自分の中を統合して、波動が上がると、現実がよくなっていくのは自然なことなんです。
でも現実がよくなることを目的にしていると、意識は外に向いたまま、上がらなくなってしまう。
この制限の磁場から出ていく角度ではないですね。

もし、本当にあなたが、この地球の制限の磁場から出て、
もとの高い意識に戻りたいと思うのであれば、外ではなく、自分のほうに意識を使い出してください。

聞いていると、現実がよくなったので、外(現実)のほうに意識がいったみたいですね。
そうすると、自分と離れて、複雑さも生み出すし、
あーでもない、こーでもないと、出てくるバイブレーションを体験することになる。

これが今までの地球の生き方。
出てくるバイブレーションを体験する生き方。

あなたが本当の自分に戻っていきたいと思ったら、
今日、言ったように、どんな現実もフラットなシーンに見て、
出てくるものを手放すほうをやり続けてください。それでＯＫ？
途中で止まらないのよ。途中で握るからわからなくなっちゃうわけ。止まっちゃうわけです。

このアンフィニっていうのは、目的はあなたに戻っていくんですよ。
本当のあなたにつながっていくんです。

「現実をよくするための統合」
「現実に意識を向けたままの統合」では、止まってしまいますよ。
あなたの中がつながってくると、現実が変わってくるのは当たり前なんです。

でも、ここ（制限の次元）にいると、それがすごいことに感じちゃうんです。
外の結果によって、自分はすごく豊かだって感じたり、
外の結果によって、自分はなんかすごく……なんていうのかな……価値を感じたり、
得るものがあるっていうふうに思っちゃうから。わかります？
外の現実が意味のあることだと思っていると、そこで止まっちゃうんだよね。

向かう先はあなたですよ。
こんなもんじゃないですよ。現実がよくなるって、そんなもんじゃないんですよ。
あなたに戻っていくの、大きな意識に……。

概念のない宇宙意識で、この惑星に存在するんだよ。
もう、比較にならないです。

ＯＫ？　いいですか、皆さん。
自分に意識を戻していってください。

じゃ、今日を楽しんでください。ね。
シーンに見て、こう使ったバイブレーションを手放していってください。
シンプルにやっていいですからね、ＯＫ？

じゃ、また明日ね！
楽しんできてください。

アンフィニ　マスターコース　2日目

2010・2・12

AYAKO　おはようございまーす！

（受講生）　おはようございます。

AYAKO　昨日はどうでしたか？

ゆっくりだけど、自分の意識がゆるんで、方向をだんだん変えていくんですよね。

今までのものの見方や、今までの意識の向け方、当たり前に外に意識を向けて、
すごくリアル感を外に持っていたのが、あなたの創り出した現実をフラットに見ることで、
外に強く向いていた意識が、こっちに戻ってきて、
あなたが現実を映し出すのに使ったバイブレーションに意識が向き、
映画館の映写室に「カシャ！」と入れているバイブレーションを、取り出すことができるようになる。

意識を長いあいだ、ずーっと外に向けてきたから、映写室で回り続ける、それに気がつかないで、
あなたの映し出した結晶化の映像に走っていき、それを懸命にどうにかしようとする。
あなたが自分と離れれば離れるほど、複雑さを生み出し、困難さを生み出し、山や川があるように見える。
壁があるように見える。越えなきゃいけないことがあるように見え、
どんどんどんどん、現実がものすごく大変なもの、ストレスに満ちたものに見えてくる。
それが本当に、圧倒的にリアルだったんですよね、今まで。

やってみました？　昨日。
今まですごく外に意識を向けて眠ってきましたから、現実をフラットに見てっていう統合、

まずはそれから始めるとすごくいいですよね。やってみて体験したことを、ちょっと話をしてください。

K　ここに来る前にランチをしたくて、レストランに寄ってきたんですけど、遅刻気味だったんで、少し急いで出してもらったんですね。ところが食べたランチがすごくおいしくて、少しゆっくりしたいなって思ったんです。その空間を楽しんで、それからゆっくり行って、10分くらい遅刻するけど、クラス開始が10分くらい遅れるといいなってイメージしたんです。でも時間に縛られるっていう感覚とか持ってるので、そうイメージはしても、ドキドキはするんです。なので、ここに来るまでずっと、ドキドキとか縛られるっていう感覚を手放してって、繰り返してました。そして会場に着いたら、実際まだクラスが始まってなかったんです。なので、あっ！　本当にイメージ通りになったって……。そんな感じです。

AYAKO　一番大事なのは……。

これ地球です。私たちが分離から生み出した共振し合った磁場です。制限やいろんな法則や、ルールや、概念を共振し合いながら、地球で生み出したものです。

宇宙にはないですからね、宇宙には、制限も法則も分離もないです。これは、私たちが眠ることを選んで、自分の中を、完全な意識を、分離することで生み出した、地球のバイブレーションを共振し合う磁場ですね。

で、こうじさん。自分が縛られているっていう……

それも、感じているその感覚、バイブレーションを『縛られている』って読んでいるだけなんですけど。

この概念の中で、例えば、イメージするとするじゃないですか。
でも、概念の中でイメージすると、さっきドキドキ感とか、いろいろ出てきていたって言ってましたよね？
そういったものを感じながらイメージするから、それがいっぱい、あいだに挟まるわけです。だから、
やっぱりイメージしてもそうならないんじゃないかっていうのも生み出すし、いろんなもの生み出すんですね。

ところが、それをあなたが手放す……、つまり、今までは使っていたバイブレーションを手放すことで、
本当にそれが起きることに、なんら無理なく感じられてくるわけです。わかります？

ここ（概念の中）でやっていると、イメージで「じゃあ、この目標を決めて成功しよう！」

「こうなろう！」って言っても、山超え、谷超えみたいなもの生み出すでしょう？

生み出してきたでしょ、今まで。

K　そうですね。生み出してきました。

AYAKO　ところがこの次元にいれば、こうなりたいって思うことに対して、ぶつかるものがないので、
やわらかいエネルギーで、それを自分で結晶化していくんですね。
こうじさんが今体験したのは、ここ（概念の中）でこうなるイメージしようって、まずやったわけですよね？
でも出てくるのあったでしょう？

K　ありました。

AYAKO　ね。つまり、みんなが夢って語らなくなるのは、「何になりたい？」って聞かれて、小さい時は手をあげて、いろいろ言ってたのが、だんだん言わなくなってきて、「夢って何だっけ？」みたいな。ここ（制限の磁場）にいると、私たちは自分と離れているから、離れて生み出すたくさんの地球のバイブレーションを、体感しているので、夢を語るにも、もう無理だっていうほうを感じてる。無理だって、感じるまでにはなっていなくても、でも体感してるわけ。もうすでに離れたところから出てきているから。だから、夢って？　みたいな感じで、語れなくなってしまう。

普段、自分と離れていたら、たくさんのものを信じられないぐらい体験しています。この信じられないぐらい体験しているバイブレーションが、意識に上がるには、現実に創り出した時です。結晶化を見て、自分が無意識で何を体験していたかがわかるんですね。

だから一番大事な、あなたが「こうなりたい」ってイメージした時に出てくる、いろんなものがあったじゃないですか。あれを手放すことをやったのがとても意味があったんです。わかります？

手放すこと……。出てくるものを無視するんじゃなくて、感じないようにするんじゃなくて。方向性を決めるとね、ドキドキ感とか、いろいろ出てくるんです。それを統合して、つまり、手放したっていうのが、とても意味があったと思います。

昨日、いつも時間に追われるっていうのを、普段から選んで体験してるって言ってたでしょ。（会場　笑）

K　しています。

AYAKO　昨日、こうじさんが分かち合ってくれて、自分の中のずーっとずーっと当たり前に持っていた、

「何かに追われるような、やっとかなきゃ安心できない」みたいな、そういったエネルギーを、ひとつ大きく手放したじゃないですか。そのリラックスもあるんですよね。そうですよね。だから、今までだったらたぶん、ご飯に行っても、「おいしい！」なんていうところにはいけなくて、「あっ！　もう時間だから」みたいな、追われるほうが強かったと思います。昨日のあれを手放してなかったら、もっとね、体験できたと思います。でも、「おいしい」を、本当に味わおうっていう意識も生まれているし、そしてドキドキが出ても、それを手放そうっていうふうにやっていくのは、とってもいいことですよ。

まずは、あなたがそうやって、立ち止まるっていうのが、とても大事ですね。何でも追われるようなエネルギーで、次から次にやることをやっていましたよね？　今まで。

K　やっていました。

AYAKO　そうだよね。今までは、次から次にやることがあるって感じていたと思うんですけど。昨日、それを統合したことで、ちょっとやんわりなっているところがあるんですよね。そして今まで、例えば、クラスに行くので時間がない時にランチがおいしかったからって、じゃあ、ゆったり時間を持とうと思ったとしても、ドキドキがすごくあったでしょ？

K　すごく緊張しましたね。

AYAKO　ですよね。そっちのほうが強かったと思うんですけど。でも今回、あなたはこっち(自分)に向かうほうを選んで、出てくるものを手放して、ちょうどいい時間に来ることができたでしょ？　立ち止まるっていうことを、これからどんどんやっていくといいですね。せわしないとか、忙しいという時には、本当に自分と離れたまま存在しているってことです。

忙しさを感じるっていうのは、あなたと離れたところでしか生み出せないです。

せっつかれるようなエネルギーも、時間に追われるようなエネルギーも、やっとかなきゃっていうエネルギーも、すべて本当は、あなたと離れて生み出した地球のバイブレーションなんですね。

それに翻弄されているように感じるかもしれないけれどね。

そして実際、現実は本当に待ってくれないぐらいのスピード感で、起きているように見える……。

でも、現実は中立なんです。体験しているのはあなたの中だけ。

あなたの中がつながっていけば、流れがゆったりになっていって、現実がスクリーンのようにフラットに見えて、そして自分の選んだ波動で映像化をしているっていうこともわかってくるんですね。

まずは、こうじさんは、それだけではなくて、昨日帰っていろんなものをフラットに見てみました?

K　はい、見てみました。

AYAKO　どうでした?

K　フラットに見て、ちょっと客観的に見てるって感じですかね。ちょっと引いて…。

AYAKO　統合しました?

K　統合しました。

AYAKO　フラットに見るから、あなたの中で生み出したバイブレーションに、リアリティがないだけなんです。

外にフォーカスをすれば、出てくるバイブレーションはリアリティがあります。例えば、せわしないもそうです。外に意識を向ければ「せわしない！」は強く感じます。でも、起きていることをフラットに見ると、せわしないと感じた時と、同じ波動が起きているのに、リアリティはなくなるんです。

……でも、バイブレーションはあります。

なぜなら、あなたがバイブレーションを選んでなければ、映像は見えないですから。

フラットに見るということは、あなたが体験しているバイブレーションを中立に捉えることができるわけ。

何か感じているのはわかるでしょ？

K　はい。

AYAKO　その映像を見て、それにフォーカスをすると、とても感じるバイブレーションなんだけれど、フラットな映像として見ると、中立なバイブレーションに感じるんです。

私たちは、出てくるバイブレーションを、「悲しい」とか「うれしい」とか「イライラ」とか、「バカにすんな」とかを感じているって思ってるでしょ？　感情を感じてるって。

バイブレーションを感じて、「孤独感」だったり、「すごくさみしい」とか、「これからどうなるんだろう」とか、恐怖とか不安とか心配とかを、すごーく感じてるって、みんな言いますよね。

不安を感じてるとか、恐怖を感じてるとか。
「もうこれが、どうなるかわからなくてさー」とか「ドキドキしてさー」って、感じてるの、わかります？　感じながら言う。

これを「感じてる」っていうふうに思ってきたから、現実をフラットにしてみると、同じバイブレーションが出てきてるのに、体験してないように思っちゃうんです。わかりますか？フラットに見ると、客観的な感じがしたでしょ？

でも、あなたは選んでる波動があるはずなんです。選んでる波動を映写機に入れなきゃ、映像は映し出せないからなんです。

AYAKO　だから、こうじさんが現実をフラットに見た時に「それを映し出すのに使ったバイブレーション」を、感じるまではいかなくて、感じにいく必要ないわけですけど、「このバイブレーションの形は？」って言って、しっかり形にして統合していきました？　手放していきました？

K　はい、それは統合していきました。

AYAKO　そしたらどんな感じでした？

K　すっきりしましたし、昨日、駅から帰る時に、雪が降ってすごく寒かったんですけど、統合してみたんです。色とか形とかを言葉にすることによって、「寒さ」とかも、少し感じなくなった感じがします。

AYAKO　そうなんですよね。すべて私たちはバイブレーションで体感していますよね。そうなんです。焼けただれるような何千度の石でも、本当は冷たく感じるんですよ。教わったとおりに体験してるだけだから。概念ですべてを見てますから。石が硬いっていうのも、観念で私たちが体験していますからね。別に、石がやわらかくならないといけないわけじゃないからね。（会場　笑）石にのめり込んでいかないでくださいね。（会場　笑）

そういう概念や観念を手放して、波動が上がった高い意識の人たちが、エジプトとかマチュピチュとか、高い文明とされるところに、そういう人たちが一部生まれ出したんですよね。神官と呼ばれるような…。結局は、昔は目が覚めていく、つまり高い意識に戻っていく人たちを、神がかって見たわけです。奇跡を起こすように見えるから。奇跡を起こすというのは、普通じゃない、尋常じゃない、つまり普通じゃないって勝手に……。そうですよね、宗教も創れましたよね。まるで特別なように。でもね、彼らにとってみれば、本当は自分につながっていけば、概念の磁場から抜けていくので、そうしたら、概念を使わないでいろんなことができる。マチュピチュなんかは、10人ぐらいで大きな石の周りを取り囲んで、石を軽石のように見て、石は軽石だとかんたんに持ち上がるでしょ。マチュピチュって、行ったことあります?

K　いや、ないですね。

AYAKO　マチュピチュって、高い文明で栄えた都市がありますよね。その周辺のインカ文明、石でできた建物が、カミソリの刃一枚入らないぐらい、石と石がピタッとしてるんですよ。今の技術ではもちろんできないですよね。エジプトのピラミッドも今の技術ではできないって言われてますよね。そりゃそうですよ。今の概念を含んだものの見方では、想像はできないですね。そうですよね!?石は重いんだもんね!（笑）時間かかるもんね。

高い文明っていうのは、高い意識になった人たちが創り出しているから、高い文明って言われてるんですけど、その人たちが石を切るわけですよ、四角くね。石って、硬くて切れないでしょ?でも、まず石を羊羹のように見るんです。そうすると、さっぱり切れますよね。そして持ち上げる時は軽石。降ろす時はプリン。そうすると石と石がお互いに揺れながらピタッ!　とくっつくでしょ。そういう創り方をしたみたいですね。

でも、あの頃って、まだまだ惑星の多くの意識が眠るほうを選んでいましたから、本当は変革を成し遂げようとしていたのに、アトランティスも沈んだって言われてますけど、でも多くの意識が眠るほうを選んでいたから、あれは失敗ではなく、眠るほうが成功したんです。ほんの一部だったんです、戻ろうとしたのは。だから、ほんの一部の戻ろうとした人たちは、もとの高い波動に上がっていき、地球の磁場は低いままですから、結局は、体を脱いだわけですね。

皆さんたちが地球にやってきた時に、波動が高すぎて、地球にいられなかったでしょ。

それと同じように、あんまり高くなりすぎると、あの時代の地球では、体を脱ぐしかなかったわけ。

だから、よく光になって消えたみたいな書物があるでしょ。もともと私たちはエネルギー体ですしね。

今は、多くの意識が目を覚ますほうに同意をしたので、この惑星では、初めて変革を成し遂げてしまうんですね。

意識の変革を成し遂げてしまいます。つまり高い意識に戻る人たちが、圧倒的に出てくるってことです。

そうしたら、今まで「地球」と呼ばれた制限の惑星ではなく、本当に制限のやわらかい、軽くて満ちていて……

そういう、本当に新しい地球になってしまうわけです。

本当に多くの人たちがそっちを選ぶからね。だから、こっち（概念のない次元）に出てくる人たちが、今回出てきますので、その人たちは初めて、この地球で高いほうを共振するんですね。

概念を含んでない波動の共振。

誰もが「おぎゃっ」て生まれたら、テレパシーで、地球の制限を学んでいっていますよね。

別に見えなくても、もう電波が出ていますもんね、携帯の電話と同じように。

でも、磁場を抜けた意識は、概念のない波動を出しますから、それを共振しあうわけです。

そうすると、こっち(概念のない宇宙意識)が圧倒的にリアルになるわけです。


圧倒的に多くの意識が目を覚ますことを同意したから、ここに出てくる人たちが出てくるわけです。

抜けてくるわけです。そうしてその人たちが共振しあうと、今度はこっちがリアルになるわけです。

ましてや波動を下げて眠っていただけで、もともと私たちは高い意識ですから、みんな。なつかしいわけです。

もとが高いから。わかります？　もとが高い意識だから、高い音って、なつかしいんですよね。


だから、アートって呼ばれるものも、すっごく感動したりしますよね。

私たちは、概念を超えた表現をアートって言ってるでしょ。

つまり、概念を超えたなつかしいバイブレーションを出しているから、みんな魅かれるわけ。感動するわけ。

自分の高い意識、そこに触れるから。だから魅かれてやまないわけ。


でも、アートは一部を使った表現ですよね。

今度はもうアートではなく、本当に分離を統合して、もとの高い意識に戻って存在していけるってことです。

生き方そのものが本当にアートになるっていうか……。

概念のない、マチュピチュでいうと、本当にあの時は、高い意識になるには体を脱がなきゃいけなかったけど、
そういった概念を含まない高い意識に戻っても、今回はこの惑星に存在できるということですね。

どうです？　聞いていて？

K　すごいなーと思います。

AYAKO　すごいですよね。こんなことを私たちが、この物理次元の惑星で成し遂げてしまうのはすごいですね。だからフェスティバルなわけ。そりゃ、私たちは、眠ったのも、眠りたくて眠ってきたんだよ。「制限ってすごい」「ちっちゃさってすごい！」「ここまでしかやれないってエクスタシー！」って。（会場　笑）

本当にそう。眠ることを選んで、体験したくて、完全だってことを忘れることを選んで。完全だって忘れるぐらい、いっぱい分離しなきゃ、フッとすると思い出してしまう。そうしたらどうでしょう。さっき言ったように、「悲しみ」はただのバイブレーションにしか見えない。ね。

「悲しみ」は『悲しみ』として感じなきゃね。体感するためには波動を下げていかなきゃね。そうすると、どんどんどんどん、孤独感と恐怖感と不安がいっぱいになって、すっごい感じれるじゃないですか。

波動が上がってくると、
分離から生み出したものは、本当にただのバイブレーションなんだっていう見え方になっていきますからね。

すごくすごく長い時間、この惑星で遊びましたよね。何世紀もいろんないろんなバイブレーションを生み出して、すごいワクワクしながら分離することで、たくさんバイブレーションを生み出して。
それを体験するために、上を見るんじゃなくて、下を見続けて、どんどん波動を下げていって、ましてやそれを語ることで、もっと増幅させ、もうあたかも「私はヒロイン、ヒーロー」みたいな。（会場　笑）
そういうふうな惑星の楽しみ方を、私たちは何世紀もやってきたんですね。

それでここに来て、さっきから何度か言っているように、アトランティスとかマチュピチュとか、エジプトとか高い文明が栄えた時に、高い意識に戻ろうという動きがあったけれど、それは一部で、この惑星に存在した圧倒的に多くの意識は、まだまだまだまだ体験しなくちゃ！　まだまだって。

あの当時は分離がすごかったから、戦争ばっかりだったでしょ。国を取るとか、もっとすごかったよね、深い眠りで。でも、それ体験したかったわけ。だから、そっちが成功したわけですよ。眠るほうがね。だから高い文明は本当に崩壊したわけです。

ところが、ここに来て、みんなが分離をやりきって、分離から生み出すものを本当に味わいきって、分離するところがないぐらい分離しきったので、じゃあ、そろそろもとの高い意識に戻ろうかって、深いところで同意した意識が圧倒的になって、この惑星が三次元から四次元へと、ゆっくりだけど、地響きをもって動き出したわけ。

だから気象も変わるし、いろんなものが崩壊し始めたわけ。わかる？
こうであるはずのものが、法則どおりのはずが、崩壊し始めたわけ。

今まで確かだったものが目の前で崩壊していくと、
未来はどうなるんだろうって、不安に思うかもしれない。
本当はここではないって、こんな狭いところじゃないんだって、
そこから出て行くことができるんだっていうことを思い出すために、崩壊していってますからね。

つかまり棒がなくなるって、みんなよく言いますよね。
そのつかまり棒って、今までの制限のつかまり棒だし、
「これ以上はない」っていうつかまり棒だし、それは手放していいです。

最初、皆さんたちは、制限の海を泳ぐのがすごく慣れているから、制限があると安心感がある。
「ここまでよ」って言われると、安心感があるぐらい。
「無限だよ」って言われると慣れてなくて、
どうやって泳げばいいかわからなくて、溺れてしまいそうって、最初はそう感じます。

大丈夫。アンフィニは磁場が生まれているので、その磁場の上で目を覚ましていってください。

私が昔、アンフィニを生み出す前ですけど、
どんどん自分につながっていって大きなシフトを起こした時に、
私は、やっぱりある程度、制限があるから安心感、みたいなのがあったんでしょうね。
それが自分が手を放すほうを選んだら、宇宙と同じ何の概念もない海に、放り出されたような感じがしたんです。
泳ぎ方がわかんないじゃない。制限があってこその海でしょ。ね！
「ここまでよ」って、制限してくれる人がいて。

でも、なんの制限もない、宇宙と同じ、無限の海に、
宇宙の海に泳ぎ出すような体験があった時に、溺れそうだったわけですよ。

それですごい不安が出て、恐怖が出て、その時にどうやったらいいんだって言った時に、
私の友人のひとり、ナターシャっていうんですけどね。
バシャールと同じエササニの高い意識のひとりなんですけど、彼女が、
「あなたは今まで、地球の制限の海で泳いでいました。そして今、
無限の宇宙と同じ海に泳ぎ出し、慣れていなくて、溺れるような感じがするんですね」って言われたの。

そのとおりなわけ。
制限がないなんて慣れてないじゃない。
そしたら、「立てるように、足の下に、なにか板でも敷いてみたらどうですか」って言われたの。（会場　爆笑）
沈んでいかないように。なんて、細々とした……。（笑）

でも、ほんとにそうしたの。自分でイメージだよ、こうやってね。

でも今は、アンフィニの磁場があるわけ。

宇宙と同じ、分離のない、ものすごい肉厚の光のウェーブが起きているアンフィニの磁場。

東西南北、見渡す限り、地平線まで広がって、地球がこうあると、最初はここらへん（手で示す）で生み出したんですね。


ギャラクシーって銀河系って写真で見たことある？　渦を巻いた星の集まり。

最初はそういうあらわれ方をしたんだけど、その上で統合する人たちがどんどん増えてきて、その磁場は、今はすごく大陸的になってきていて、光の波でできている。でも、厚みはしっかりあるわけ。

そのうち、これ地球だとすると、ここらへんで生まれたのがだんだんこう近づいてきて、地球を覆うように大きくなっちゃったんです。

海ってさ、遠く、水平線まで見えるでしょ？
でも、水平線の向こう側も海だって知ってるよね？　（会場　笑）
まさか水平線って切れてるって思ってないよね。海って向こう側まで周り込んでたの知ってた？（会場　爆笑）
地球は丸いの。気がついてた？　（会場　大爆笑）
そんなふうに、アンフィニの磁場も、あなたがこうやって乗って、見渡す限り、地平線までしか見えないけど、その向こう側まで周り込み始めました。

この惑星の制限のある分離のある磁場が変わるんです。制限のない磁場に。新しい磁場でね。

だから、その磁場の上で、皆さんたちは目を覚ましていくから、ものすごく安定して進んでいくんですね。

ものすごい安定して、グランディングしていくんですね。うらやましい。（笑）

でもね、今、そういう時なんですね。多くの意識が同意をしたから、本当に磁場を生み出すことも可能でしたし。

ある惑星で、多くの意識が目を覚まそうという時は、とてもとても眠りが深い時は、磁場を生み出さないと、目を覚ましていきながら、地球の磁場に乗っていると、目を覚ましながら、同時に制限も学びながら進んでいくことになるので、目は覚まさないですね。


知ってました？　土の中にも観念があるって。

ガイアシンフォニーって映像見たことあるかな？　トマトの種を植えたら、トマトが1万個なったっていう。


土の中って、この空気中も、みんなこの磁場ですので、（地球の絵を指して）この磁場ですね。ここで共振が起きているので、法則を共振しているんですね。だから、「おぎゃっ」と生まれても小さい時、幼稚園行く前に、もう法則を学んでいる。地球、この惑星はそうなんですね。

そうすると、土の中にトマトの種を入れると、トマトは自分がトマトだって学ぶんです。トマトというのは、1本の苗から、このくらいの数の実になるっていうことも学ぶんです。だから、そのとおりに出てきて、そのとおりにトマトをやるんです。（会場　笑）

そのガイアシンフォニーの中である植物学者が、水はそういう法則（概念、観念）の波動が入ってないと。なので水を入れたシャーレーに種をポンと入れて、彼が「いいよ、自由に育っていいよ」って、本当にそう感じて話しかけてあげて……。そうすると、トマトは根を生やすんだけど、水に観念がないから、自分がトマトだって学びがないわけですよ。だから、根もいっぱい生えるわけです。大きくなったから、今度は水を入れたバケツみたいな大きなものに移すわけ。

そうすると、バケツいっぱいに根をはるんです。

どんどん大きくなるから、じゃあ今度はって、また大きいのにすると、幹になって木になっちゃったわけですよ。

木になっちゃった、こんな太い。そして、すっごい枝をはって1万個のトマトがなったんです。

実際これは映像でもありましたね。

つまり、概念を学ばないと、そんなことが起きるわけです。
人間は、こうだっていう概念を学んでいるので、そのとおりを生きてるだけです。
あなたが分離をすることで、波動を下げることで、制限に満ちた概念が本当であるがごとく、
チャンネルを合わせたんです。

わかります？　この中で、頑張ってオリンピックでタイムを出そうとかね。

でも、それはエクスタシーじゃないですか。制限の中から、抜きん出た！　というエクスタシー。

仕事なんかもそうじゃない。頑張って、頑張って、頑張って、達成感！

制限があってこそ、達成感があるわけです。ですよね？

だから、これからだんだん真実が明らかになっていくし、私は22年前ぐらいから話し出しているけど、
その当時は、みんな聞く耳、持たなかったです。みんなと合わせることや、同じことを考えることや、
みんなとそうだそうだって言って、それが安全だみたいな、もう自分はすっかりなくて。
なんか本当にこの惑星は変わりましたねー。
この惑星は1999年に大きなシフトを起こしていて、多くの意識が、目を覚ますほうに同意をしたから、

惑星がゆっくり次元を上げ始め、目を覚ます時に起きる螺旋で上がっていくエネルギーが、この惑星のあちこちからスクリューのように、いっぱい出始めましたもんね。

2000年にアンフィニを生み出した時は、こんなの使ったら目が覚めちゃうじゃない！　と思ったし、ここまで目を覚ましたい人はいないんじゃないかって思ったけど、このあいだ言ったように、その時、宇宙から地球を見ると、多くの意識が立ってこっちを見ていて、ふかーい目で大きくうなずいて。それで、「あ、なんだ、みんな目を覚ます気なんだ」「いいんだ」ってわかって、ホッとしたのを覚えているんですよ。

使う人がいるってことですね。そうだよね。OK！っていうことだったんで、これが生み出せたし。で、使ったら本当に出て行きますからね、地球の制限の磁場から。
もちろん、日常眠りながらは、目を覚ましてはいかないですから、
ライフコースまでやるわけです。本当に日常、私たち何世紀も眠ってきてますからね。楽しみでしょ？

K　ワクワクしますね。
AYAKO　ねえー。だから、クラスはすごい環境になると思うよ。

この惑星で長い歴史眠ってきたのに、目を覚ます環境が生まれているってことは、
そしてそれを使えるってことは、すごいことだなって思う。でしょ？

でもそれは、こんなにダイレクトに目を覚ましてもいいという、同意が起きたからなんだなって思う。ね。

もちろん皆さんたちは、すごく習慣があるのでね。その習慣を破っていってください。

習慣を破るというのは、今までのように眠ったまま話を続けたりとか、

その眠った次元を増幅させていくっていうのを踏みとどまるってことは、とても大事ですね。

世間話はもうやめてくださいね。世間話は、この次元、この地球の制限の時空間をもっとすごくリアルに、あなたが体験するために話していたことなので。

おもしろいよね！　そうやって見ると。おもしろいよ、これから。


そして、人と合わせなきゃいけないとか、人にどう思われるだろうかっていうのも、長い歴史、外に意識を向け、その次元にとどまるために使ってきましたから。人はどうも思っていませんからね。

あなたが勝手にそれを使って、「一緒に眠っていよう」っていうことを選んできただけです。

これからシュルシュルシュルシュルって、抜けていってください。長いあいだの磁場からね。

そのために日常があります。

そして、昨日受講生の誰かが、現実がよくなったって言ってましたけど。どなたでしたっけ？

自分が、今まで創ってた現実があるじゃない。その現実が変わったんでしょ？　変わったんですよね？
A　はい。

AYAKO　それは、握ってたものを、統合したからですよね？　あなたが握ってたバイブレーションで、あなたにとっては問題のように見えるものを、ずーっと創り続けていただけなんです。そうなんです。

映像化してただけなの。このバイブレーションを手放したから、現実が粒子になっちゃうわけです。

そして、あなたが手放すと、当然統合したからね、あなたはシフトを起こす。

つまり、波動が変わるということですね。そうすると、新しい現実が映像化します。

すると、この波動で創ってた粒子が消えて、この新しい波動になったもので現実を創り出したから、変わったように見えますよね。わかります？


変わっていくのは当たり前なんです、皆さん。そんなとこで、止まらないでください。

会社でうまくいくために、統合をしてるわけじゃないですよね？

多くの人が、現実をよくしようとして止まったんだよねー。（会場の卒業生　爆笑）

すべて自分が創り出してた現実なので、それを創り出すのに使ったバイブレーションを統合していく。

そして新しくシフトすれば、創っていた現実は粒子に変わるわけだし。

やわらかくなって違うものになるでしょ。


そうすると、現実は変わっていく。当然、体験するじゃない。だよね？

そこで、目的である現実が変わったとして、そこで止まったら、眠った生き方を普通にしますので、また自分と離れて複雑さを生み出します。そうだよね！（大きな声で卒業生に向けて）諸先輩方！（会場　爆笑）

結局はさ、この磁場（制限の磁場）にいてこの生き方をしていたら、それは例えば、これもそうじゃない。

頑張ろうって言って、「達成しよう！」「夢を達成しよう！」「達成した！」

つまり、あなたがね、会社を、もうすっごい大会社にすることを夢見てたとするじゃない。

「夢」なんですね、（制限の磁場を指して）ここではね。それが夢だとするじゃない？

実際いろんなことして達成したとしましょう。達成したこともいっぱいあると思います。

達成して、達成感もありますよ、もちろん、その時はね。どう続いた？

K　続かないですね。

AYAKO　続かないですよね。「さあ！　もうこれで十分だ！」「人生は、もうこれでバラ色だ！」って、達成した時は思いますけど、しばらくすると、またやることはありますよね。対処しないといけないこと、生み出しますよね。

これが、この次元なんです。だって自分と離れて生きているわけだから、この次元でどんどんどん……、でも、どうにかやって成功して、成功しても自分と離れているから、生み出すものは変わらないわけです。

孤独を感じたり、無価値感を感じたり、豊かになったのに、なんで無価値感を感じるんだと思うかもしれないけど、自分と離れているってことは、無価値感、生み出していますよ。

あなたが分離する時に使ったのは、この惑星の無価値感、罪悪感。あなたと離れて、一番最初に生み出すのは無価値感だから、この惑星では。

そうなの。無価値感はこの惑星のバイブレーションですよ、もちろん、あなたのではないし、無価値感とか罪悪感は、宇宙にはないですから。

私たちが高い意識を分離していく時に生み出したのが、無価値感であり、罪悪感です。わかります？

外がすべてだって、ずっとみんな思ってきたわけです。外に意識を向けて眠ってきたから。

外がよくなれば、幸せになる。外がよくなれば、平和になる。外がよくなれば、価値を感じられる。

外さえすれば、もう不安はなくなるって、思ってきたでしょ？　どうですか？

もちろん、皆さんの中にも、
これをすれば不安はなくなるっていうことを、
達成した人もいるはずなんですよね。

いますよね、いますよね。

その後、どうでしたか？　どうでしたか（笑）

埋まらなかったでしょ。

また次の、きっとじゃあこれを。これをやって……。

（概念の磁場を指さして）ここはそう。

だって、埋めようとすればするほど、
外にあるがごとく、やればやるほど、
きのう書いた絵のように、自分と離れて、
外に、ものすごく行きますから。

（現実のスクリーンの絵を描きながら）
すごーく、ながーく描きました（笑）
現実のスクリーンですね。

もう、外に意味がある。意識は、外、外、外。

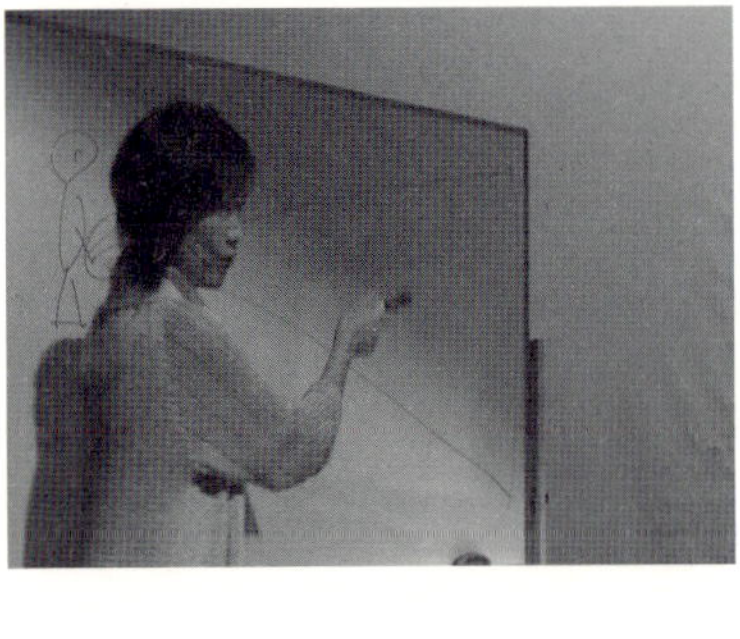

「愛されたーい」「私は満たされたい」
「私には何もないから」って渇望して……

外に求めれば求めるほど、
あなたはどんどんあなたと離れていくから、
ここで生み出したもの、壮大にあります。

自分と離れれば離れるほど、孤独感も、きょーれつになっていくでしょう。
（現実のスクリーンに近づきながら）
このくらいだと「さみしさ」ぐらいだけれど……、

あなたがどれくらい自分と離れるかで、
出てくるものをきょーれつに体験できます。
それによって、痛みだったり、すごいストレスになったり、
強烈な問題があるがごとく体験できます。

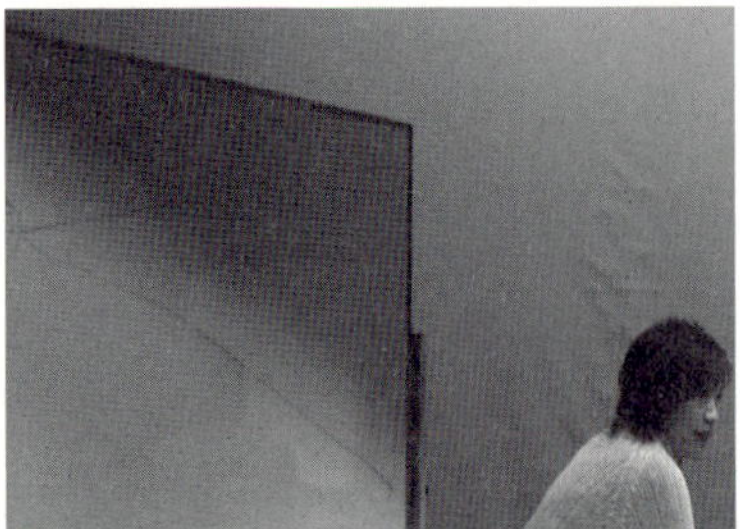

だから、外に外に求めれば求めるほど、自分とどんどん離れていくので、
埋めても埋めても埋めても埋めても埋めても、っていうことを体験するわけです。

本当は外ではなく、
自分が外を映し出しているんだってことに、気づく時なんですよね。
気づける環境になりました、多くの意識が同意をしたから。
惑星の波動が、軽くなってきてますしね。

日常、普通に今までと同じように、外に意識を向けていたら、普通に眠りますよ。
あなたが意識的に、目を覚ます生き方のほうに意識を使っていかないとね。
創った現実に走り込んでいったり、映画館で映像に向かって走り込んでいくのと同じですよ。

あなたがもし「なんとかしなきゃ」って、焦燥感にかられるぐらい、現実がリアルだったら、
かなりフォーカスが強く外に向いてます。そして、自分とすごく離れています。
「対処しなきゃいけないことが、起きてるじゃないか！」って叫びたくなるぐらいだったら、
もう映像に、頭ゴンゴンゴンゴンやっています。

どうでしょう、皆さんは。どんな感じ？　どのぐらい？　どのぐらいかしら？
（映像に頭ゴンゴンというジェスチャーをしながら）
それぐらい現実がリアルになっているのが、眠っているっていうことです。

私たちは、自分と離れることを選んだの。完全だってことを忘れてね。
こっち（外）に意識を向けないと、目を覚ましてしまうから、どんどんどんどん意識を外に向けて、
すごいリアリティで現実が取り囲んでいるような感じに。わかる？

最初にクラスでやっていくのは、外にとてもフォーカスしてきましたから、
少しずつですけど、その外に使っていた意識を、こっちに戻していくことからやっていきます。
そうすると、現実とのあいだに隙間があいていきます。
そして、だんだん意識をこっちに使うようになってきます。

で、どんどん戻ってきて、そして、初めて目を覚ます統合ができるようになります。
こっち（概念の外）に行く統合です。わかります？

クラスでは、ここをやっていきます。
（現実のスクリーンから自分の位置まで戻していく）

これだけをやるだけでも、
現実が変わっていくのは、
それは自然のことなんですね。

そこで止まらないでね。（笑）
止まったら、また眠っていくから。

この磁場（制限の磁場）から出て行くのがアンフィニですので、
マスターコースでは、ここの磁場から出ていく統合を自分に慣れさせていきます。
そしてライフコースで、本当に日常でそれをどんどん使っていくわけですね。
もちろん、クラスとクラスのあいだの日常でも、それをどんどんやってもらいます。

今までの生き方、染みついているものから、意識的にそっちを使うんじゃなくて、
この新しい生き方を使ってもらって、ひび割っていくわけですね。
「ＴＨＥ・今までの生き方」ってなってる人が、もう「これが私」ってなってる人が、

新しい角度を使い始めることで、ここ（体の中心を指しながら）に、ひびが入ってくるわけですね。

もともとイリュージョンですからね、眠っているというのは。

だから、本当の高い音を使うっていうことは、皆さんのエッセンスは、本当は高いですからね。

だから振動して、地割れを起こすわけです。そうすると、あれっ？って思い始めて……。

あなたが進めていくのは、この地割れを起こした後に、概念まみれの鎧かぶとみたいな、
ブロンズだったのを崩して、それを球体にして手放していく。
概念がいっぱい崩れていく、転がっていくわけですね。
どう？　話を聞いていて。こうじさん、おもしろい？　なんか、つい聞いてみたくなる。（会場　大爆笑）

K　いや（笑）、ありがとうございます。でも、本当に会社を大きくしたいっていうのは本当のことで。
それが目的で、このコースを受講したんですけど……。（会場　笑）
それじゃないなっていうのは、東京の時のセミナーで……。

AYAKO　そうですよね。でも、みんな外に意識を向けてきたから、
最初は、外がすごく意味があると思っているじゃない。だから、成功することとか、外が大成すること。

自分が望んだことが起きることが、とても意味があると思っているのは自然のことです。

それが眠っているってことだもの、私たち。そうなんです。だからいいんです。

でも、こうじさん、もうね。ここで大成したところで、また同じことを繰り返しますので、ここに出て行く。

つまり、あなたの高いもともとの自分の次元ですね。高い意識に戻っていくことをやってください。

で、ここ（概念のない次元）で、山超え谷超えという次元ではない次元で、なりたい自分になっていけば。
ここ（制限の磁場）で大成するっていうのは、今まで起きていますよね。いろんな人がね。
でも、ここに出て、あなたが、概念のない次元、もともとの自分の次元ですよ、そこに出て、
仕事でも何でも、この次元でやるんです。ぶつかることのない、摩擦のない次元で。

そういう人たちが生まれないと、そりゃ、その生き方ができるって、生きて見せる人が生まれないとね。宇宙と同じ概念のない、制限のない、自分の次元で存在できるというのは、この惑星では初めてのことなので、その自分の次元に出て、いろんなことがかんたんに起こしていけるんだっていうことを、生きてみせる人たちが生まれだすと、この惑星はものすごい勢いで変わっていきますよね。そうだよね？

この次元だと、できる人とできない人がいるみたいだもんね。わかる？　特別みたいだもんね、成功する人がね。なんか特別みたい。あの人は特別なんだって。これは分離から生み出したものね。特別な人がいて、特別じゃない人がいるという二極を、必ず地球は生み出してきたものね。だから、やれる人がいて、やれない人がいる。で、一生懸命やったって、一時的でしょ。やったことあります？　頑張ってやる！　みたいな。どうでした？

K　疲れましたね。

AYAKO　あー、息が切れちゃいますよね。そういうふうにやってみることで、「あ、こういうやり方ではないんだな」「何か違う」「もっとナチュラルな、気持ちのいい、ハーモニーの、誰もおかさないでやれる方法があるんじゃないか」っていうのに気づく人たちが出てくると、本当にここに出て行くことができる情報が生まれていますから、接点を持つようになりますよね。

まずは、その人が立ち止まらないとね。

「こんなぶつかり合いじゃないんじゃないか」って、立ち止まらないとね。

だから、あなたの次元に出て、あなたのやりたいこと、そのやってることが、あなたにとってワクワクすることだったら、その概念のない次元で生きて見せてあげてください。ね！　そういう人がいろんな分野で出てくるといいなって思ってるし、変わっちゃいますよー、本当に。

皆さんたちが、こうやってコースをとって、自分が目を覚ましていく環境をこうやって得て、磁場の上で統合していくじゃない。そうしたら、今までは「できない」を共振しあう次元だったのが、つながってきて、今度は、こっちの無限の可能性を体験し始めた時、こっちを語りあって、こっちを増幅させていく。日常に、つまり、そういうことが起きていくわけですよね。

こういうふうに、こっちが圧倒的にリアルになる人が語り出すと、みんな眠っているだけなので、もとは高い意識なので、そっちのほうがリアルだっていうのがわかるんですよね。だって、私が昨日からこうやって話しているじゃない。リアルって、わかります？そっち(概念のない次元)があるってこと。わかるでしょ？　実際そうだから。こうやって、ここ(概念のない次元)に出た人たちが話し出したら、こっちが圧倒的になりますよね。私がバシャールと出会った時に……。バシャールって知ってます？

K　本を読ませていただきました。

AYAKO　彼と会った時っていうのは、私はものすごい深い眠りで、もう本当に眠ってたんですけど、彼の音の確かさっていうんですかね、私はすごい眠っていたから、こうあるべきだ、こうすべきだ、こうであるはず……、すごかったんです。それがもう、まるで美徳。それができてる私って、社会に貢献してる、わかる？　はみだしてない、寸分も。わかる？　認められてる。

そんなところにいた私ですから、バシャールが言ってること、まったくわかんなかったんですよ。

だって、こんな学び方しているから、あまりにも違い過ぎてたしね。

ただバシャールの音がね、ものすごく凛としてるんです。

それで「ワクワクすることを選択してください」と言われて。

22年前には、ワクワクは罪悪ぐらいに思っていたんですけど。
でもね、結局その音の確かさがあまり確かだったから、
これだけ、しっかり眠りに意識を使ってた私が、ものすごく外にリアリティを持ってた私が、
ふっと力が抜け、彼の言ってるほうが本当のような気がするって思えたわけ。22年前ですね。

あの当時、あれだけ眠っている惑星で、あの音はそれが本当なんじゃないかと感じさせる確かさでした。


それは今思えば、私が眠っていただけで、高い意識は高い意識を振動させるんですよね。

私の眠っていたエッセンスが動いたんです。


だから、「これって本当なんじゃないか」って、わかる？　自分の中から地割れが起きたんですね。

だから、目を少しパチッとそこでね、覚め始めたんですね。


で、私はこの覚めていくほうを、もうないがしろにしなかったんですね。

すごいまだ眠る環境だったけどね、地球は。だけど、私はやっぱり本当の自分で生きてみたかったから。

あの目をパチッと開けた自分を、なかったことにはしないで。

環境は整ってなくてね、大変でしたけどね。誰も聞いてくれないしね、でも、私は生きてみたかったわけ。体を持っているあいだに、本当の自分で生きてみたかったわけ。

あれから、本当の自分で生きてみたいっていう動きを始めた時に、いかに自分が、外に合わせて生きていたかっていうのが、透けて見えてくるわけですよね。でも合わせて生きることが、あまりにもナチュラルだったから、自分では、それは自分そのもの、自分らしさと思ってました。それぐらい寝てました。すごいちゃんと寝てたんだなって思うんですよね、今。（笑）

で、今は、多くの意識がこの惑星を変えていってしまうなっていうのを……。概念や法則のない次元に出てくる意識が出てきたら、この惑星は本当に変わってしまう。

私たちが自分につながっていくというのは、波動が上がっていってしまうので、この制限の磁場から抜けていくことになります。

私たちは地球のさまざまなバイブレーションを体験したくて、波動を下げて、この磁場にしっかりとフックをかけて、上がらないようにしました。それだけだと気を抜くと上がっていきそうだから、語るわけです、現実がどんなに悲惨かを。「こんな現実ができて」って。

そうすると、もっとその波動（バイブレーション）を増幅させて、感じれて、もうこれは動かしようがない、変えることができない現実だって体験、できてたでしょ？

その無意識でやっていたフックをはずしていきます。上がらないようにしてたわけですから、そのフックを手放していきます。そして波動を下げるために分離をしっかり色濃くつけていた、あなたの分離の線を統合していきます。分かれていたあなたの中が、ひとつに戻っていくために。

分離の線を、いくつもいくつもつけてましたからね。そして、それが日常にあらわれてきます。ですから、皆さんたちの日常がとても大事になります。

無駄なものはひとつも創りませんから。

まずはあなたが、眠っていた磁場から抜けて、自分の次元に出て行く。

宇宙と同じ、何の法則もない概念もない、もともとの大きな意識の次元に出て行くことを、選んでください。

あなたが方向を決めます。あなたが主人公なんでね。あなたがそこに出て行きたいと向かう先を決めるのが最初です。

だって行き先を決めなければ、宇宙船も飛ばないでしょ。

だから、こうじさんも、現実をよくするためっていう方向を向けていると、

ここらへん（制限の次元の上のほう）で止まりますからね。

現実がよくなるのが目的だと、意識は外に向いたまま、

「現実をなんとかしたい」「こんなふうになりたい」「こうなりたい！」

今までの磁場から出て行きません。

ここ（概念のない次元）は、やりたいことが、なっていくのが自然ですから。
だから、あなたの向かいたい方向を、ちゃんと決めてください。

アンフィニは、あなたの中を統合して、この眠りの磁場からシュルシュルって抜けて、
この磁場を抜けてあなたの次元に出て行くんです。

そして、もちろん、目的は目を覚まして生きることです。
この惑星で、体を持っているのに、もとの自由な意識、高い意識で存在するということです。

生き方。
今までは眠った生き方。自分と離れた生き方。
今度はあなたとつながって、もともとの高い意識とひとつになって。
ほら、小指の先って言ってたでしょ、昨日。ここで生きてたの。

概念学んで、言われたことを聞いてドギマギしながら、起きたことに翻弄されるような、
自分がいないから何でも同調しちゃうわけね。自分が現実を創ってるんだっていうことを、
すっかり忘れているからね。だから、外からの出来事で揺れたり、一喜一憂するんです。

でも、その概念を学んだ、ここ(小指の先を指す)の意識を使って生きていたあなたが、
自分につながる統合を始めて、
どんどん、あなたの宇宙意識、もともとの大きな意識、使っていなかった意識、
今まで、この惑星で使ったら、体脱ぐしかなかったからね。使えなかっただけ。

使ってなかった、もとのあなたの本来の大きな意識のほうにつながっていくことで、
あなたは、ここ(制限の磁場)から出てきます。

あなたが体を持ったまま、この惑星で、初めての大きな意識、自由な意識、制限を学んでいない、
宇宙と同じ、思ったことが具現化していく、そういう時空間、意識で存在をして、生きるんですね。
つまり、目を開けて夢を生きる。

それはね、もう同じ地球にいる感じがしません。

たぶん、このクラスの途中でも、あなたの変化は凄まじくなっていく。あなたが方向を決めたらね。


そしたら、次の地球に移行していってるように感じる。

本当に移行していってるんだけど。たとえば同じ会社なのに、「違う会社に来たみたい」って、あなたが変わってるんだけど、外が変わったように思える。


本当に変わってしまいます。あなたの中が。概念を含んだその分離の線を統合して、今まで長い歴史、何世紀も使ってきた、地球のバイブレーションを手放していくことになります。


当たり前に使っていた疲れるようなエネルギーも、あなたと離れて生み出したものだし、あなたが小さい頃から感じてた「孤独感」だって、あなたと離れて生み出したものだし。

「できない、やれない」だって、あなたと離れて生み出した地球のものだし。

性格だと思ってたような、人に頼るみたいな、それだってあなたと離れなければ、力がないって感じなかったし。


自分と離れると、力のなさが出てくるので。外に頼って、外に、外に求める。だったよね。

でもそれもエクスタシーだったんですけどね。欠けたところが満たされるみたいな。地球のエクスタシー。


長い歴史が、この惑星での長い歴史の生き方が、終わろうとしています。よ！

会社にはもちろん行ってないもんね、まだね。

K　（うなずく）

AYAKO　そうですよね。はい。このあいだのせっつくようなエネルギーとかを手放し始めてますので、だから、同じ場所に行くと、自分が変わってるのがわかったりするんですね。でも、あなたはランチの時、せっつくエネルギー、時間に追われるエネルギーを、ちゃんと手放したから、変わっていってますよね。（笑）あなた自身が。今まではそれが出てきたら、その状態になってたでしょ？

K　（うなずく）

AYAKO　うん。その状態で動いてたでしょ。いさおさんはどうでしたか？

I　そうですねー、昨日ずっと統合をやっていて、自分の中で、生きながら、制限のない意識で生きたいなって、ずーっと思ってたことだったんですね。そうだったんですけども、そういうふうにありたいっていう自分と、でも無理なんじゃないかなみたいな、そういう自分の意識って結構大きくて、それを統合しようとすると、スロープからこう……。（球体が落ちるジェスチャー）なんだろう？っていうのを、ずっと昨日やってました。

AYAKO　もうすごい意識の現われなんですよね。潜在意識って、ちゃんと映像で見せるんで、途中で落とすんです。（笑）つまり、統合させないんです、自分で。

だから、あなたが言ってるように、両極に引っ張り合う自分がいて、目を覚ましたい自分と、「えっ、ちょっと待てよ」っていう自分が、一緒にいるってことです。

私も、最初にバシャールと会った時には、さっき言ったようにすごい眠ってたわけ。眠りを選んで眠ってたわけです。そうすると、本当のことを聞いた時に復活する自分がいるわけです。

でも、かたや眠ることを選んでいたわけだから、「そんなわけない」
「そんなことをしたら、皆がわがままになる」って、いろんなことをうるさく言うわけですよ。
葛藤するわけです。行こうとする自分、止めようとする自分。わかる？
その両極が今、起きているわけです。

だって、いさおさん、眠るほうを選んでいたからこそ、
眠っていられたわけでしょ？　そうだよね。

それが、今、目を覚ます方向の流れを聞いてるわけじゃない、
その磁場に来て。ってことは、眠るほうを選んでいたあなたが、
目を覚まそうとしているわけでしょ。

今まで、眠る方を選んでいたから、
それを選ぶ自分がいるわけですよ。

で、それが上がってくるわけです。
波動が高いと、こういうところに来ると、それが透けてくるわけです。
目を覚ましたい、覚ましたいって、口では言いながら、
え！　こっちで引っ張る自分もいるんだって見えてくるわけです。

でもね、今までと違うのは、今までは眠るほうを選んでたけど、

それを選び変えることができる環境だということです。
わかるかな？　でなきゃ、こういうとこに来ないでしょ？
それだったら聞かないようにするじゃない。
こういう情報を入れないようにするもん。

まだこっちを選びたいって思ったら、接点を自分で持たない。
急に風邪になったりとか、（会場　笑）
来れない状態を創ったりとか、します、します。

だから、あなたに今起きているのは、とてもナチュラルなことで、
今までは眠るほうを選んでたわけですから、
だから眠って来れたわけだから。

でも、あなたの中で目を覚ましたいっていう思いが生まれたから、
こういう接点を持つわけでしょ。
こういう時間を。

で、こういう機会を持ったから、上がってくるわけですよね。
そうすると透けてくるわけです、やっていることがね。
今までは無意識でやっていたことがね。

そして、それはチャンスになるわけよ。選択は毎瞬なんです。

今までは眠るほうを選んでいたけど、今の自分はどうかな？って、わかる？

それは今までのことが見えてきてるわけ。だから、途中でスロープからゴロンと落ちてしまうのは
まだそれを自分でちゃんと、気持ちをひとつにしていないから、だからゴロンとさせるんですね。

ある人は昔、鎖をつけてました。それぐらいの時がありましたね。転がしてみたら鎖がついてる。（会場　笑）

でもさ、この磁場の上で、あなたがこうして、こういうアンフィニっていう、
目を覚ましていく環境に、接点を持ったってことは意味があるし、
だから、今までは眠りを選んでいたかもしれないけれど、今のあなたで、今、選ぶことができるわけ。

私だって、バシャールと出会った時に、すごい動いたじゃない。でも、すごかったですよ、一ヵ月。

こうしちゃいけない、どうのこうのって。葛藤が起きてる時には動かない。そりゃそうだよね。

一ヵ月ぐらいした時かな、私はうるさく言う自分に対して、こっち（頭）はうるさいんだけどね、

（丹田のあたりを指して）こっちは、とけて広がるような気持ちよさなんですよ。


心地いいっていうことは、真実だなって、ワクワクすることは真実だなって思って。

じゃあ、私はワクワクするほうに行ってみようって決めたら、初めて、高い情報を入れていくんですよね。

両極を握っていると、高い音、入れないよね。


だから、いさおさんは、その選んでいた、握っていたのが浮上したと思ってください。

それで、今、自分で、意識に上げたと思ってください。そうしたら、今のいさおさんはどうなんですか？

今までは眠るほうを選んでいて、眠ってきたけど、今はどうですか？

I　あの……、今日ここに来て、そのアンフィニの光の磁場というか、磁場の話を先ほど聞きながら、ちょうど同じような、昨日やってたようなことをイメージしてやってたら、結構きれいに落ちていくんです。

AYAKO　はいはい。

I　それですごい驚愕したんですけど、さきほど。

AYAKO　うんうん。で、どうですか？　統合すると目を覚ましていきますからね。統合するってことは、あなたのつけた分離の線を統合してしまうから、波動が上がっていくわけです。もとの高い意識に戻ろうとしてしまいます。波動を下げるために分離していたわけだから、だから、統合させないようにしていたわけです。昨日やって、そういうふうに選んでいたものに光が当たって上がってきて、今やれたって言うけど、今、意識的に、行き先をひとつにして選んであげてください。

つまり、いさおさんは、今ままでの自分は眠るほうを選んで眠ってきたけれど、今の自分は目を覚ますほうを選ぶって、選び変えることができるわけ。どちらでもいいんですよ。どんな感じですか、いさおさん。

I　もう選んでるなって。選びたいっていうふうに思います。

AYAKO　そしたらね。そうやって意識的に選び変えると、その引っ張るのに使っていたエネルギーがあるわけ。

それから手を放すわけです。そして、気持ちをひとつにして向かうことになるんです。これ、とても大事よね。だって気持ちがひとつじゃなきゃ、自分を分離したままで、行こうとしたら邪魔する、行こうとしたらひっぱる、もうアクセルとブレーキ、両方踏んでるみたいだもの。どこにも行かないし、煙は出るしね。（会場　爆笑）どうして私は変化がないんでしょう、みたいな感じよね。

だから、今一番大事なところをやってるんですね、あなたがね。あなたは知っているわけですよ。アンフィニは、本当にあなたの次元に出ていけることも知っている。戻っていけることも知っている。だから出会っています。そして一番大事な、自分が今までは眠ることを選んでたけれど、向かう先をひとつに決めて、気持ちをひとつにして、それを向かう先に、気持ちをひとつにすることで、そこに出ていけるってことを知っているんです。だから、昨日があったんでしょう。ＯＫですか？

Ｉ　ＯＫです！

AYAKO　はい。じゃあ、もしそういうふうに転がす時にゴロンと落ちたりとか、はっきり見えなかったら、その時に、何世紀も私たちは眠ってきてるから、その時にまた選んでください。深い眠りが出てきてるだけで、今、眠ろうとしてるわけじゃなくて、眠ってきたのが透けてきてるだけなので、わかります？

だからその都度、もし転がったりとか、うまく転がらなかったりとか、止まったりとか、そういうのが見えたら、そうか、今までは眠るほうを選んでいたからなって理解して、自分でその時、選択し直してください。「あっ、今までは眠るほうを選んでいたけれど、僕は、もう目を覚ますことを選ぶ」って言って、もう一度、仕切り直して転がしてみてください。ＯＫ？

I　はい。

AYAKO　それでOKです。これ、とても大事だもんね。あのね、進みながら、止める人がいるのよ。自分で全部やるんですけどね。進むのも自分、止めるのも自分だからね。

だから本当に、あなたの中が、意識が、向かう先がひとつになって、方向が決まって進んでいくんでね。

今までは眠るほう一辺倒だったんですよ。そして、こういう高い情報に触れると、ここらへんでくすぶっていた高い意識が動き出して、上がり出そうとするわけです。もう条件反射ですよ。

高い音を聞くと、上がり出そうとするのは、もともと私たちは高い波動だから。

ところが深いところでは、もう眠り続けてきたから、こっち（眠り）を選択してるわけですよ。

上がろうとする意識。眠りを選択してきた意識。

それが見えてくるわけです。

その時に、意識的に選んでいいんです。

「僕は、今回は、今世は、目を覚ますほうを選ぶ」って、行き先をひとつにしていってください。

これ、みんなに言えることですよ。長い歴史でしたからね、眠ってきたのは。とてもナチュラルだと思いますよ、そういうことは。ではですねー、ちょっと休み時間をとって、また始めたいと思います。（10分休憩）

（10分休憩のあと）

私ね、今ね、ちょっと控え室に行って、こう思ったのよね、
なんかまるでね、「目を覚ましていく学校」をやってるみたいな感じ。そう思わない？

（受講生）　そう思います！

AYAKO　ねぇ！　うん、そうだよね。ふかーい眠りをしたから、目を覚ます時ってね、
こうやってほぐしていくのやらないとね。

昔、他の惑星でもやってたような気がして……。本当に抜けていくんですね、この磁場を。
皆さんたち、自分に戻っていくんですねえ。本当の自分にね。
今まで、自分だと思ってたのは、（小指の先を指して）ここですから。
本当の自分に気がついていってしまうんですねえ。目を覚ましていってしまうんですね。楽しみです。

では、さっき、いさおさんが言ってらしたのは、とても大事な感じがしたので、
今までは、もちろん眠るのを選んできたから眠ってこれたんです。
そうですよ。選び続けていたから、私たちは波動を上げずに済んだわけ。

彼が言ってくれたように、目を覚ましていく時には、その深い眠りの方を選んでいたのが浮上してきます。
浮上してきたからこそ、選び変えることができるわけ。

その都度、そういうものが出てきたら、全然驚かないでください。

何世紀もそっちを選んできたんですから。そのたびに選び変えてください。いいですか？

では、いい感じでしたら、真っ黒の黒光りする鉄の球体と、真っ白の白光りする大理石の球体と２つ。

自分の中っていうか、自分の中からはみ出してますけどね、２つ。わかります？

２つあるのを見てください。両方ともすごい重量感があります。

両方とも中までガチッと硬い、ずっしり重量感のある球体です。


球体のひとつは、直径１メートルくらいにはしてください。

もっと大きいのが見えたら大きくていいですよ。重量感ですけども、ひとつを１トンにしましょうか。

１トンと１トン。真っ黒の黒光りする球体と、真っ白の白光りする大理石の球体です。いいですか？


分離することを選んできました、私たちはね。分離で眠ってこれたんです。


あなたの気持ちが本当に本来の自分に戻ろうとするのと、
眠ろうとする、長い歴史、眠るのを選び続けてきた習慣があるんですよ。

習慣があるので、それを選び続けようとする自分。でも戻ろうとする自分。両方生まれてるって思ってください。

眠り続けようとするのは、今までの習慣です。もちろん、だってそうでしょ。それで眠ってこれたんだもん。

懸命でしたよね、高い波動だったから。


でも今という、この中立の時空間の中で、どちらでも行ける、選べる時空間の中で選んでいってほしいんですね。

それは両方とも、自分のエネルギー。

分かれているだけですので、ひとつにしてあげてください。

それでは、この2つを、そのまま、はい、スコンと前に2つとも出してください。

そして、ひとつの球体にしましょう。

そうすると、緑色に白地のマーブル模様の大理石になるのを見てください。ひとつの大きな球体ですよ。


重量感はすごくあります。重量感は100トンにしましょうかね。100トンですよ、みんな！

持てないですよね、普通。っていうか、持てないですね。じゃあ、もう動かしがたい、その100トンのきれーなグリーンと白のマーブル模様になった大理石の球体、スロープの上に置いてください。

そして、スッと両手を放します。
すると、ゴロゴロゴロゴロ……ときれーいにアンフィニの磁場の上で、スロープの上を転がっていって、
中央の穴にストン。　はい、深呼吸。

アンフィニの磁場を見渡してください。

東西南北、地平線、水平線まで見渡す限り、光のウェーブでできている、アンフィニの磁場です。

なつかしーいハーモニー、調和のウェーブが起きています。

光のウェーブが、アンフィニの磁場の中央から、幾重も幾重も波紋が広がるように、
呼吸するように波打って、アンフィニの磁場のすみずみまで、この惑星を包み込むようにまわり込んで、
アンフィニの磁場のすみずみまで広がっていっています。

その磁場の上に、しっかりと立って、はい、前をパターンとあけましょうか。前をパターンとあけて、そして今転がした残りが、あなたの意識のすみずみからひとつ残らず、いっぺんに、シュッと集まってきて、ガチッと硬いずっしり重量感のある球体になります。

大きな風穴をあけましょうね。はい、スコンときれいに抜けます。前に出たずっしり重量感のある球体を、スロープにのせて、はい、スッと両手を放すと、重みでゴロゴロゴロゴロ……ときれいにまっすぐ転がっていって、中央の穴にストン！　はい、深呼吸。

おおーきくあいた風穴に、前から後ろに、風を通してあげてください。なつかしーい、宇宙と同じ、なんの法則もない満ちたエネルギーの風を、ふわーーーっと、前から後ろに通してあげてください。

皆さんたちの地球で使っていたバイブレーションが、ストンストンストンストンと磁場の中央の穴に落ちていって、ぐわんぐわんぐわんぐわんと波打って広がるアンフィニの磁場です。ウェーブがうねりをもって広がっていっています。光の波紋のようにね。

その光の波紋がウェーブで広がっていっている磁場に、しっかりと立って、大きくあいた風穴に、前から後ろに、なつかしいハーモニーの、すべてとつながっている満ちた風を、ふわーーーっと通してあげてください。

風を通してあげながら、あなたが、あなたの足もとから、クリスタルになっていくのを見てください。

クリスタルのきれーいな、太いクリスタルの柱になっていくのを見てください。

大きな風穴はあいたままでいいですよ。

足もとから、あなたが透明感のあるクリスタルになって立っているのを見てください。

そして、混じりっけのない透明感のクリスタルで立って、大きくあいた風穴に風を通してあげながら、
足もとのアンフィニの磁場にそのクリスタルの裾野が根が生えるように、クリスタルの根が生えるように、
ぐぐぐぐっとしっかりと根づいて、グランディングしていくのを見てください。感じてください。
ではね、大きくあいた風穴から、丹田の辺りから、幾つも幾つも、白と黒の大理石の球体が、
ゴロゴロゴロゴロ出てくるのを出してあげて、泉が湧くように出てきますから、
いくつもいくつも出てくるのを、正面のスロープに転がしてあげてください。

丹田の下のほうにあったその球体が、ダァーーーーっていうふうに、
地球の波動がいくつもいくつも、白と黒の球体で出てきます。重量感のある球体で出てきます、硬い。
それをいくつもいくつも出るだけ、ひとつ残らず出してあげて、正面のスロープに転がしてあげてください。

長いあいだ、この惑星で使ってきた分離のバイブレーションが、今転がっていっています。

丹田の中が、空っぽになったら、深呼吸。風をおーきく、通してあげてください。


そうしたら、あなたのクリスタルの柱から、幾重も幾重も、光の波紋が広がっていくのを見ていってください。

あなたのクリスタルから光の波紋が、幾重も幾重も幾重も幾重も、広がっていってるのを見てください。

電波が出るように、光の波紋が広がっていってます。

力が抜けてリラックスして、まるで意識がウェーブにまかせて、広がっていくように手を放して、
幾重も幾重も広がっていくウェーブに、身をゆだねてください。
あなたの意識が、自由に広がっていくのを許してあげてください。

もともと私たちは、ただのウェーブなんです。
ただのエネルギー、ただの波、ただの波動なんです。

「ここまで」っていうのは学んだだけ。

体から光のウェーブが、どんどんどん広がっていって、
とけていくように、意識が波打って広がっていく自由な感じを体感してください。
そして、この波はぶつかることなく、同じように広がっていくウェーブと共振しあいながら、
力強く、うねりをもって、確かなリアル感をもって広がっていきます。

アンフィニの磁場に、あなたがクリスタルになって、しっかりとグランディングしているのを体感して、
大きくあいた風穴に風を通してあげながら、ゆっくりでいいです、
目をあけてください。足もとしっかりした？

これから統合は、アンフィニの磁場の上でやってください。地球の磁場ではなく、分離のない、
概念のない、宇宙と同じ、そしてあなたの高い意識の磁場でもある、この磁場の上で。
トマトの種のこと覚えてる？

だから、この制限のない磁場の上で目を覚ましていくことが大事です。

地球の磁場はね、立っているだけで眠っていけるの。分離をしてるでしょ。


だから、いつもアンフィニの磁場の上にいてください。

これから、戻っていく時には、概念のない磁場の上に立って、戻っていきます。

あなたの生活圏は全部磁場の上。途中で歩く道も、全部この磁場の上。いつも意識してください。


いさおさん、あなたがさっきここに来て、磁場を意識してやったら、転がったって言いましたよね。

制限のないこの磁場を意識するだけで、外に行ってた意識が戻ったりするんです。わかります？

すごい環境なんです、磁場は。戻っていく時はこの磁場は、とっても大事です。

この磁場を意識するだけで、意識がこっち（自分のほう）に向き始めますから、わかります？

だから、いつもこの磁場を意識しててください。統合する時だけじゃなくてね。歩いている時とか、
買い物する時、料理をする時、家でボーっとする時、いつも、このアンフィニの磁場にいてください。
この磁場の上にいるだけで、ほどけてくるものがあります。

この惑星ってさ、制限を学ぶために、小学校とか中学校、行ったでしょ？（笑）
戻っていく時には、今度はほどけていく、こういう時空間って大事なんですよね。
ましてや、この惑星はまだ眠っているから。この環境はとても大事です。ね。

なにか分かち合いたいことありますか？　質問したいことでもいいし、分かち合いたいことでもいいし。

昨日、うちへ帰ってね、それで映像にすることを試みて、使ってたバイブレーションを手放すってことをやってみて、どうだったかっていう体験を話してみてもいいし、何かあります？

M　昨日の帰りの途中で気づいたおもしろいことなんですけど、まわりをスクリーンとして見てると、自分は移動してるんですけど、本当は自分が移動してなくて、まわりが流れてるだけなんだなっていうことに気づいたっていうか、電車に乗ってても、電車の中で自分が移動してたはずなんですけど、実はまわりが流れているだけなんだなっていう感じがしました。

AYAKO　うん、そうですね。感覚がそういうふうになりますよね。

M　本当に自分が中心で、まわりがただ流れているっていうふうにね。

AYAKO　そうですね。実際そうですしね。実際、映し出してますもんね。あなたからすべて映し出して、あなたから見ていますからね。映し出したものを、あなたは見ているだけですからね。あなたが見えるものは、あなたから映し出したものなので、だから、こうやってスクリーンで見て、当然、ここ（自分の中）が映写室なので、ここから出ているだけなんですね。全部フラットな映像で、戻っていくには、そういうふうに映像で見て、それを映し出すのに使ったのは、ぜーんぶ地球のバイブレーションなので、それが何かわからなくていいんで、形にして手放すということをやっていくといいですね。やりました？

M　それはやらなかったんですが、流れてるのを、見ただけっていう感じ。

AYAKO　やり始めてください。（会場　笑）動き出さないと、あなたに戻っていくために。

あなたが分離して、あなたと離れて生み出したものが地球のバイブレーションですから。それを手放すこと。統合することで、あなたにつながっていきますから。

映像を中立に見たら、それを映し出すのに使ったバイブレーションがあるんですね。いいも悪いもないんですよ、これが何って、わかる必要ないです。すべてが地球のバイブレーションなんで、手放していってください。そして、あなたの中がつながっていきます。

大丈夫。どんどんシンプルになっていくだけだから、あなたの中が。とてもシンプルになっていきます。あーでもない、こーでもないって、本当に感じられなくなりますよ。（笑）いつも朝起きて、あのことはどーの、外に意識を向けたら、そうですよね。このことはこう、これはどうすればいいんだろう、えーっとこのことが気になる、あの人のことが気になる、これはって……　今までは、その生き方、それを体験する生き方でした。外に意識を向けて、現実で起きていることに意識を向けて、あーでもない、こーでもないって。

今度は、目を覚ましていく角度は、その外に向けていた意識を、自分のほうに使うということ。自分のほうに向けるっていうこと。そのためにフラットにしてあげるわけですね。映像をフラットに。

今までは、外に意識を向けてたから、あなたは現実にリアル感と凸凹感を感じれてたんです。わかる？意識を向けたほうが、圧倒的にリアルになるんです。でも、現実をフラットにしてあげると、そこに使ってた意識が自分のほうに戻ってくるので、あなたは映し出すのに使った地球のバイブレーションに意識を向けられるわけです。

そして、それをはずすことができるわけ。そして、それを統合することができるんです。わかります？

統合して初めて、あなたはつながり出すわけですから。

その見方だけだと一時的になりますので、目を覚ましていくために、もう動き出してください。

あなたに向かって、この制限の磁場を抜けていくために。

自分を信頼してください。
あなたが主人公なんで、あなたがこの磁場を抜けて、もとの高い意識に戻ろう、
自分の次元に出て行こうっていうことを決めたら、そのために現実を創って、見せていきます、自分に。
自分でやるんです、それは。

現実は自分で創ってますから、だからどのシーンも、そのシーンによって感じる、

「これ」は感じるためではなく、それを統合するために、起こしていることになります。わかります？


今までは、起きた現実（シーン）を見ることで、
出てくるフィーリング（バイブレーション）を体験することが、地球の生き方でした。

「いろんなことを言われて、こんな思いをした」「仕事がこんなふうになって、こんな挫折感を感じた」

これが地球の体験の仕方だよね？　フォーカスをあなたが外に向けて体験してきたことですよね？

つまり自分と離れて生み出したものを体験してきてるんです。

地球的に見れば、仕事がダメになったから、こんな無価値感を感じてるって思ってたかもしれないけれど、そうではなかったんです。この無価値感っていう地球のバイブレーションを、あなたは選び、映写室に入れ、それを体感するような映像を映し出してるだけです。

映像は中立です。何も起きていません。

映画って変わるでしょ？　映写室でフィルムを変えると、変わるでしょ？　変わりますよね。でも今までのように、外にだけ意識を向けたら、変わるようには思えません。止まってしまう、形が。

物理学でも言ってるように、物理次元のすべてが波動（ウェーブ）でできていて、波打ってるウェーブに、意識を向けると、そこが形になる。意識をはずすと、また波に戻る。本当のことなんです。

私たちは、フォーカスを外にしてたから、止まったように、物事が本当に起きてしまったように感じれて、わかる？　そして、外にものすごいリアリティがあるから、これをどうにかしなきゃっと思うわけです。

自分が映し出していることを、完全に忘れて。

映写室には気づかないようにしてましたから。それが眠るということ。

自分が映し出してるっていうことに気づいてしまったら、これは波に戻ってしまいますからね。
つまり、こっち(自分の中)が変わると、
こっち(現実)が変わるってことがわかってしまうから。
現実っていうのは、もう既に、止まってしまっているように見えているかもしれないけれど、

あなたが選んだバイブレーションで映像化してるって気がつけば、この映像、
映画館の映写室の、このフィルムを変えれば変わるってことが、わかってしまったら、
対処なんかしません。

「えー、対処しなくって、現実って変わるの?」
……そう。変わる。

変わったでしょ? あきこさん。
ちょっと感動したでしょ? 現実が変わったことに。
対処で変えたわけじゃないですよね?

対処したら、もう長年、全然変わらなかったように変わらない。
長い歴史の、例えば、家族との軋轢って思ってるのでも、
変わっちゃいます。時間がかかることはないです。

その軋轢だと感じているのは、あなたの中で起きていることで、それを通して、常に見てるだけ。

だから、今までの地球のつながりも求めないことですね。

つまり、こういうつながり方。（指を合わせる／写真上）わかるかな？

男とか女とか、年上とか年下とか、子どもとか、
アメリカ人とかカナダ人とか、そういうふうに違いを見てますよね。
（指を一本、一本さわりながら）こういうふうに。

私たちは眠ってきたから、自分とつながってません。自分につながったら、宇宙だから。

潜在意識は、すべてつながってるって、聞いたことあるでしょ？

あなたとつながったら、すべてとつながっているのがわかります。（写真下）

でも、あなたは自分と離れてるわけだから、こういうつながり方（指と指をくっつける）を求めるわけです。
わかる？　家族にも、友だちにも、会社にも、こういうつながり方。（指と指をくっつける）
やさしくしてほしい、こうなってほしい、こんなふうに声かけてほしい、これをやめることですね。
外に求める生き方ですよね。

このつながりをやめ始めると、また意識がすごく自分に戻りますので、戻っていくのにどんどん使っていけます。

だから例えば、親子の軋轢《あつれき》とか、長い歴史の友人とのわだかまりとかも同じことで、
あなたはもう既に、その「軋轢」と感じているバイブレーションを通して、いつもそのシーンを見るから、
本当にその人のことだと思っています。（笑）　その事柄、起きた事柄だと。もう本当に。
だから離れた感じ、分離感を感じるんです。

誰かと分離感を感じたら、あなたとの分離感を感じているんです。
人と分離なんかしてません。あなたと分離しているんです。
人とは分離してないです、最初から。

だから、軋轢がある人とどうにか、うわべだけでも、こうやってこういうつながり方をしようと、わかります？
軋轢が痛いからって、その場だけ繕って、
うわべだけでも（指先をつけて）もう、これをやめるんですね。

『現実は中立で体験しているのはあなたの中だけ。』

そして、あなたがその次元から出る、シフトすることで、まったく違う体験になってしまいます。本当だよ。

だって、あなたの中から軋轢と思っていた地球の波動(バイブレーション)を手放したら、なくなります。

あなたは統合が起きてシフトします。その次元から出ていきます。

そうすると、同じ人を見ても、自分にもう、そのバイブレーションがないから、
まったく壁がなくなっちゃうんですね。何十年の軋轢と思っても、何百年の軋轢と思っても、そうです。
わかる? あなたがその次元に居続けただけよ。自分が創り出した次元に。そうなの。
だから、あなたが使ってた地球のバイブレーションを手放していってください。

うわべだけのつながりとか、そういうのをやりながら、目は覚めていかないよ。
だって、眠るほうを選んでるわけでしょ。あたかもそれが本当に起きていて、そうだよね。
外をなんとか見繕わなきゃ、見繕うって言う? (会場から答えが返ってくる)
そっか、取り繕う。今、日本語の、教室だからね。(会場　笑)

取り繕ったりとか、なんか痛いからちょっとこうしておこうって。なんか、そういったもの。

もうそろそろ、そろそろじゃなく、目を覚ましていくんだったらやめてください。

でないと、また見えなくなるから。はい、どうぞ。

S　眠ると、どういうつながりになってくるんですか？

AYAKO　眠ると？

S　はい。

AYAKO　ほんとだよね、そういうつながりしかなかったもんね。それがつながってると思ってたもんね。

あなたと離れてるから、外とつながろう、外とつながろうっていう、こういう指先のつながりを求めてたんです。

あなたと（指先から手のひらへ）つながっていってください。

つまり、あなたは自分と離れて、この宇宙意識の自分と離れているから、常に分離感を感じて、つながりたいと、目に見える地球のつながり方を求めてたんですね。

その生き方をやめて、あなたにつながることを始めるわけです。

眠るというのは、ずっとあなたと離れてたんだから。

そしたら、すべてとつながっているのがわかる。

そこには分離がない。分離はないし、エクスタシーになってきます。

もう、一国の大統領に会おうと、誰に会おうと、もう深くつながっているのがわかるから。

表面でなんとかっていうのはなくなります。本当のつながりは、分離感は全然ないんで、もともと満ちたつながり方です。離れたことはないんです、本当は。

離れてなかったことがわかります。あなたとつながってきます。
だって、こういう(指と指をくっつけて)つながり感って一時だったでしょ?
その時はよくても、またちょっとあった時は……って。でしょ?

例えば、同じ気持ちになる、悲しんでたら、なぐさめてあげる、ひとつになったような気持ちになるでしょ?
悲しいって言われたら、なぐさめてたら、なんかひとつになったような。同じ感情を一緒に感じることで、
ひとつになったような。「わかるよ」って言われると、すごくつながったような……。

でも、そのつながり方って、「わかるよ」って言われた人と、ずっとつながってる?
つまり一時的なエクスタシーですよね。これは分離からのつながり方だから。あなたと離れてるから。
だから、分離からのつながり方をやめて、あなたにつながって、もともとのひとつに戻っていくわけです。

こっち(概念のない次元)に出るってことは、もう既に、宇宙意識、宇宙と同じ、分離のない、
もともと分離がなかった次元に出ますので、表面的になんとかしなきゃいけないって全然ないです。

だって、私がこうやって話してて、つながってるのわかります? 壁がないでしょ? ないですよね?
あなたも自分につながってくると、初対面であろうと、大統領であろうと、子どもであろうと、大人であろうと、
同じように自分とつながっていると、もう対等で満ちたつながり方を感じます。
そこで慌ててなんとかしなきゃいけないみたいなのは起きないです。答えになってます?

S　わかりました。体験したことがないので、実感はないですけど。

AYAKO　そうだよね。実際に体験していってください。そうしたら、この惑星での分離したつながりは、こういうものだって、分離からのつながりをそれがつながりだと思えてたんだって、わかってくる。

あなたにつながっていってください。

あなたの分離を統合して、あなたにつながっていったら、エクスタシーになっていく。

もうねえ、目を覚ましていくっていうのは、ものすごい壮大なスケールで、ものすごいエクスタシーだよ。

「学んだあなた」じゃなく、「本当のあなた」につながっていくというのは、ものすごいエクスタシーです。

S　ありがとうございました。

AYAKO　どういたしまして。毎日がそうやって変化する。はい、どうぞ。

K　創っている現実って、自分で創ってるじゃないですか。自分で創ってると思いながらも、他の人の意識もある、それってたぶん、自分で最終的にはつながるかなと……、よくわからないんですけど。例えば、今質問していますよ。そうすると、自分で創っていながら、他の人の時間を取ってしまっているとか、気を遣っているところがあるんですけど……。

AYAKO　えっ！　気を遣ってるの？　（会場　爆笑）

K　気を遣ってというか、こう……。

AYAKO　まわりに意識を向けてるんでしょ。

K　そうですね。

AYAKO　それが眠ってきたってことです。まわりのことに意識を向け、つまり、現実のほうに意識を向ける。自分のほうに意識が来てない時は、人のことが気になったり、あーでもない、こーでもないっていうふうに感じてしまうんです、自分の中で。私もそうだったからよくわかります。私も眠ってた時にすごくそうでした。その時にね、こうじさん、同じなのよ。例えば、今みたいに、自分の中から「人が気になる」とか出てきたら、そのバイブレーションを手放していってください。それは、あなたと離れたところから生み出したものだから。

K　例えば、私は自分の人生を好き勝手に生きるとすると、まわりも好き勝手に生きるようになると、アンフィニの磁場のように、ストレスのない世界になるんですかね。

AYAKO　あのさ（笑）　ここの次元で言うから、「好き勝手に生きる」っていうふうに思うんだよね。制限の次元だから「好き勝手」って、出てくるんだよね。

この次元に出たら、ものすごいハーモニーになります。

自分がなりたい自分になることが、まわりにとっても、ハーモニー、調和が起きていくのがわかる。

ものすごい豊かさだってわかります。

この制限の次元で言うと、
「好き勝手になる」「わがままになる」って、私もそう思ってたって言ったじゃない？
そんなことしたら、世界中の人がわがままになるって思ったもん、ここで。

ここだから（概念の中）そう感じるの。
ここだから、もうそうだって学んでいるのよ。

誰かがよくなって、誰かがよくならない、
誰かが幸せになると、自分の分が取られるような。自分が幸せになると、人の分まで取ってしまうみたいな。
壮大なスケールのイリュージョンを、みんなで共振し合ってきましたよね。
それそれ！　それなんか、すごーいイリュージョン。

制限があって「ここまで、これだけですよ。この中からみんなで分け合いましょうね」って感覚は、ここ。
これだけしかない中から、取っていくような取られるような、そんな感覚が、地球の体験。

ここ(概念の外)は無限だから、自分がなりたい自分になっていくことができる。
ここに出てしまうと、なりたい自分になることのほうがナチュラルです。ここに出てきたら、
誰もが完全な意識で、好きな自分、
なりたい自分で生きれることが、もう、ありありとしちゃうもん。

分離から見るとね。誰かが成功すると、成功しない人が生まれるみたいな。

ここだから、そういう見え方をしてるわけ。


自分がよくなると誰かが損をするとか、それからそれがわがままのように感じたりって。

それは制限の中で体感してるだけ。


「ここだけですよ、これだけですよ、あるものは」って。

じゃあ、この人がこれ取ったら、減りますよ。もうこの分しかないから減りましたよって。

あなたが取ったら減っちゃいますよ、他の人はどうなるの？　みたいな。無意識で！

すごいねー。
私たちってすごーい。すごくなーい？（会場　笑）
無限だってことをすっかり忘れて、制限を本当に楽しんでいたんだなって思いますね。

だから、あなたに戻っていくっていうのは、この磁場から抜けてって、
この次元、あなたの次元へ、体を持っては初めてですけど、出て行くということです。
自分の中がつながってきたら、この次元に出始めたら、目線が全然変わる。
ワクからこう、出始めたら、「なんだ、あの発想は制限の中の発想だったんだ」って。

自分が概念のない次元に出て存在するってことは、あなたの出す波動が、
「誰もが自由ですよ、誰もがそうなりますよ」って波動を出してるから、招待状を出してるってわかります、
誰もがそうなるってことを感じさせる波動を出すから、わかる？

分離してたら違うよ。
「大丈夫だ」って言ってても、
そんなわけないだろって、こう……（波動が出てるジェスチャーをする）（会場　爆笑）
「成功していいけど、自分より上には出るなよ」みたいな。（会場　大爆笑）　わかる？
あのそれはもう、ここが（制限の磁場）そうです。
「いいのよ、自由になって……、でも私より自由になっちゃダメよ」みたいな。

そうなんです。ここ(概念の外)に出ると、誰もが自由で無限だってわかります。

自由な時空間で、地球に足をつけながら、
誰もが自由に、宇宙と同じような時空間で、ぶつかることなく、
自分がなりたい自分になっていけるっていうことが、自分でわかります。

リアリティがね、真逆になっちゃうんです。制限から、この、無限に。
無限ってさ、夢みたいに思ってるかもしれないけれど、
無限が本当で、制限の体験のほうが夢なのよ。

本当は、制限はないんですね。だからバシャールが最初、
「箱はもともとありません。あったこともありません」って。
「箱があるという体験はあります」って……。

つまり、私たちは、波動を下げて、制限を体験しにいったんです。
だから、この(概念のない)次元に出てきたら、よくあんなふうに狭いところにいられたなと、自分で思う。

もう、何段階も上がっていくたびに思う。
どうやってあんな、あんなところにいられたんだろうって、出るたびに思うよ。
何段階も出て行きますからね。制限の磁場から抜けていくので。

この次元に出始めたら、
自分がやりたいことがやれるということがナチュラルに感じます。
そして、ここでは誰もがぶつかることなく、それができるんだってわかってしまう。

その時、あなたがまわりの人を見たとするじゃない。
ある人はまだ眠ってるから、もうあーでもない、こーでもない、もう倒産してどうのこうの……と言われても、
あなたがこの次元に出たら、かわいそうにって見え方しないんです。

っていうのは、自分と同じように完全な意識で、この惑星に降り立って、今はそれを選んでいるけれど、
いつでも選び変えることができるのがわかるから。
自分がこうやって目を覚ましてきてるから。そうでしょ？
眠ることを選んだのは自分なので、目を覚ますことも自分で選べる。

主人公は自分なの。

ただ、それをすっかり忘れてしまってるわけ。あなたがそうであったように。

出てしまえば、招待状が出せるじゃない、こんなふうに。ここがあることを、伝えられる。

生きて見せられるじゃない。


そうすると、さっき言ったように眠っているだけだから、その人のもともとの高い意識が動くよね。

でも助けようというのはない。なぜなら助けようっていうのは、この次元（制限の磁場）で見える見え方だよね。

まるで、相手に力がないみたい。

だから、この惑星が本当に変革を成し遂げるのは、
その磁場から抜けて出てくる人たちが、出てくること。
そして、その人たちの出す、目の覚めた高い音が電波になっていくから、招待状になります。

目を覚ましたいと思った人たちが、磁力的に引き寄せられてきて、それができることを知っていく。

望めば誰もが、磁場を抜けて、高い意識に戻っていける。

そうなのよ、私たち、制限の中で考えてたからね。
自分が成功すると相手の分を取っていくような、誰かに成功されると、自分の分を取られるような、
嫉妬とかってあるじゃない、ジェラシーって。
あれって、自分ができないっていうふうに思ってるから、体感してるものなのよ。

そりゃあ、地球の磁場ではそう思いますよね、分離だから。

誰かがこう(上)なっちゃうと、私はこっち側(下)になってしまうと思ってしまうからね。

そりゃあ、波動を下げてたら、そういう体験ばっかり。

最初はみんなそうだよ。
制限の中でものを見て、制限の中で感じて、制限を通してものを見るから。
ましてや、ワクや法則、制限を体験する惑星なので、自分がそこから抜けようとすると、
つまり、よくなろうとすると、置いていくようなイリュージョンが出てきて、美徳で助けにいったり、
これだから、ずーっと誰も目が覚めないでいたよね。

ここに出て行く人がいて、惑星は変革するんです。わかる?

行っちゃいけない、悪いなって思っていたら、誰も出てこないじゃん。そうじゃない。

カニの話ってあって、ビーチで穴があるんだけど、なかなかカニが出てこないんだって。

で、何してるんだろうって覗いてみると、日本のカニはお先にどうぞって言って、誰も出て来ないんだって。

アメリカのカニはね、私が先だって言って、他のカニをひっぱりおろして、結局誰も出て来ないんだって。

おもしろいでしょ。（会場　笑）

でも、いずれにしても、この磁場を抜けて、本来の大きな意識に戻る意識がこの惑星に生まれて、初めて、
今までのイリュージョンに光が当たって、パーンと見えてくるでしょうね。
制限も、もともとなかったのに、すごい制限を体験するために、
うんとうんと波動を下げていったのがわかってくるでしょうね。それはね、すごいことだったみたい。

私たちは、「制限のマスター」って、宇宙から呼ばれるぐらいの達人だったみたい。

高い意識の私たちが、これだけの制限を体験できるまで分離を進めて、
波動を下げられたっていうのは、宇宙から見ればすごいことなんだって。

どうやったら、自分が現実を創っていることを完全に忘れられるだろうって、摩訶不思議みたい。

やった！って感じよね。（会場　笑）

でも、いい質問だよ。そうですよね、今の質問なんかも、私たちがこの磁場に、地球の磁場にいると、
そんな見え方をする、動き出そうとすると置いていくような感じがするし、誰もがわがままになるだっけ？
だから、何かもう、このぐらいしかなくて、誰か自由になると、自由にできない人たちを生み出す、
みたいな感じでしょ？　そうだよね？　だから、自由になることはいけないみたいな感じ。
だから誰もが我慢する。まるで我慢が美徳みたいになってしまって。

私も我慢するから、あなたも我慢しなさいって、誰もがストレスを少しずつ感じていきましょうねっていう社会を創ってきたじゃない。

こっち（概念のない次元）に出て行ったら、無限なので、無限の自由な意識で、無限のエネルギーを使って、物理次元に好きなものを生み出していく。無限なんだもん。わかる？

本来の自分の姿に戻っていくこと。答えになってた？

K　はい、大丈夫です。

AYAKO　あーよかったです。

私たちは、この磁場にどんどんどんどん入っていくことを選んで、眠ることを同意していたからだからよ、誰かが出ていこうとすると、出る杭を打たれるってよく言うでしょ。

出すぎた杭は打たれないっていう言葉知ってる？（笑）

ほんとに、私は昔、22年ぐらい前から話し始めてるんで、それはもうすごかったですね。バッシングとかね。

その当時、まだみんな聞きたくなかったじゃない、眠っていたかったから。

そんな話されたら、高い意識が動いちゃうじゃない！　みたいな感じで。

私自身は、さっき言ったように、この目をパチンと開けた自分についていきたいっていうのと、本当の自分で姿を現して、この惑星で生きてみたいっていうのがあったから、どんなことがあっても、途中であきらめなかったわけ。

もちろん、私は眠ってたから、当然、バッシングを創り出すわけ。

だって自分が、あなたが言ったように、「こんなことしちゃいけない」って思ってるから。

眠ることを選んできたわけだから、そんなこと言わない約束でしょ、みたいな話よ。

目を覚ますようなことを話さないでくださいって。

自分で眠ってきたわけですから、起きていく時には、いけないことをしているように、まず感じましたよね。

２２年ぐらい前だからだよ、今は全然違う。


でね、そうすると、こう言わせたりするじゃない、こうやっていろいろ言わせたりして。

その当時はこんな統合もないし、こんな見方もなかったけど、でも、なんかこんなところで潰れてしまって、
潰れることはかんたんなのよ。安全地帯で、目立たないようにすればいいから。

でも止まるのが嫌だったのね。で、戻るのもいや。前みたいに眠り込んでいくのもいや。

だったら、前に進むしかないって。

その時の『前』っていうのはね、正面に道はなくて、断崖絶壁から踏み出すような感じなの。
もうね、下を見ると、暗くて深くて見えないの。先がどうなるかまったくわからない。
でも、そこにとどまることもしたくない、戻るのもいや、前へ行くしかない、一歩踏み出して、
キャーーッと、まっ暗な深い谷に落ちていくようなね、そういう恐怖がすごかったですけど、
行っちゃったのね。（笑）　前に。私は、そっちのほうを選んだかな。

今は、磁場があるし、戻っていく同意が起きちゃったから。

環境がもう上昇気流だし。皆さんたちが高い意識に戻るには、とてもいい惑星になってますね。

だから、本当に最初は、皆さんたちが統合する時に、いろんな今みたいなイリュージョン出てきます。

わがままになってしまうんじゃないかとか、誰かを置いていってしまうんじゃないかとか、それイリュージョン。

この制限の磁場から出ようとすると、当然出てくるわけですよ。


そして、出てくるものを押しやって、「もう、いいの、いいの、私は自分で生きるんだもん!」って、
そういう生き方じゃないからね。それはここでの生き方でしょ。

何かを無視して、いけない、いけないって思いながら、

「私は決めたの! 私はもう人のことは聞かない、私はもう……」

大変よね、それってストレスに満ちて。それは地球での生き方です。今までの私たちの生き方。

そこから出るんです。
あなたの中が統合されるってね……、あなたは分離からいっぱい生み出してね、
いっぱい、いろんな制限のバイブレーションを体験しています。

そのバイブレーションを統合して、
統合していくっていうのは、あなたの中がつながって、ひとつになっていくんだよ。

あなたの中がひとつになるっていうのは、ハーモニーになっていくでしょ、あなたのエネルギーが。わかる?

あなたの中がひとつに戻っていくのは、ものすごい調和になっていきます。

あなたのエネルギーが、すごいハーモニーになってくる。

で、そういう人が生まれないと、ただのわがままにしか見えない。でしょ!?

ここで何かを押しやって、「ううん、私はいいの!」っていう生き方されたって、

誰もそんな生き方したくないよね！　そういう生き方ではないですからね。

そこの分離で創り出した、いろんなイリュージョンの生き方の次元を抜けていくんです、統合して。

だから、今みたいに、皆さんたち、いろんなものが出てきたら、手放していってください。

統合をし始めてください。

たとえば、私たちは自分が上がろうとすると、すごい恐怖を出して、
「そんなことすると、目が覚めてしまいますよー！」って、ウォーニング（警報）に使ったりします。
今までは眠る方を選んでいたわけだから、上がっていこうとすると、
それらのフィーリング（バイブレーション）を出して、とどまれるようにするわけです。

それは今まで眠るほうを選んでいたから。

なので出てきたものは手放していってください。とどまるのに使ってましたから。わかった？

波動が上がらないように、そういうものを出して、動き出したものを止めるために出していましたから。


だから、「恐怖感」が出ても、「大丈夫かな？」っていうのが出ても、

「やれるんだろうか」って出ても、思い出してください。

宇宙にはそんな波動があるわけないじゃない！　わかる？
「大丈夫かな？」っていう波動って、宇宙にあると思う？　（会場　くすくす笑）
分離からしか生み出せなかったよね？
「本当だろうか？」って、宇宙にあると思う？

全部ぜーんぶ、この惑星で私たちが分離するたびに、ポコンポコンって生み出したバイブレーションだよ。

この一週間、次のクラスまで、いろんなものが出てきます。

そしたら、ワクワク以外、地球のバイブレーションだと思ってください。

ワクワクは本来のあなたの波動だから。私たちは自分につながればつながるほど、

ワクワクそのものになっていきます。

それもキャピッとしたワクワクじゃないですよ。

深い感動とワクワクです。もう満ちたワクワク。

だから、ワクワク以外は、「これはどうだろう?」って思わなくていいですから、どれも手放していってください。

いいですか?

(参加者、みんな手をあげて)「はーーい!」

T　今、感じていることがあって、昨日もそうなんですけど、今もそうで、あやこさんの話がすごく自分の中に入ってきてるんですけど、胸のあたりとかが、ちょっとこう重たい感じがあるんですね。そういうような、やっぱり体の反応っていうんですか、そういったものも同じく統合で手放していくっていうことでいいですか?

AYAKO　こういう本当の音を聞くとね、あなたの中の本当が動き出すんです。

そうすると、イリュージョンを上げてくるんです。潜在意識のヒダから。

重いっていうのも、今まで使ってた地球のバイブレーションなんです。

だから、そういう重さが出てきたら、手放すものです。

T　えーーーー。はい。（とても思いあたっている声で）

AYAKO　同じものです。

T　同じもの……。（深く腑に落ちていきながら）

AYAKO　そう、同じものです。

体でもう反応しているんだったら、それが何かわかる前でもいいじゃない。だから、ワクワク以外、重いとかね。

もう少しすると、その重さが何か、感じるようになってきて、

「悲しい」とか気がついたりするけど、そんな必要ないじゃない。

結局、高い音を聞くと、もともと皆さんたちは高い波動だから、そこに振動するわけです。


振動して動き出すと、今まで波動が上がらないように使ってた概念や、制限のバイブレーションが動き出す。

浮上し始めるわけ、こうやって潜在意識から上がってくるわけ。

それが重さで出たり、肩の凝りで出たり、頭が痛いって出たり、本当に出るんですよ。出すわけです。

わかる？　上がっていこうとするから、出ちゃうわけ。

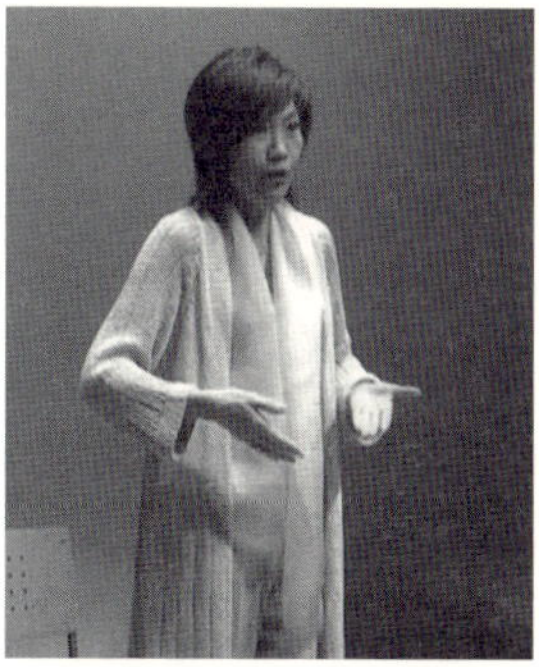

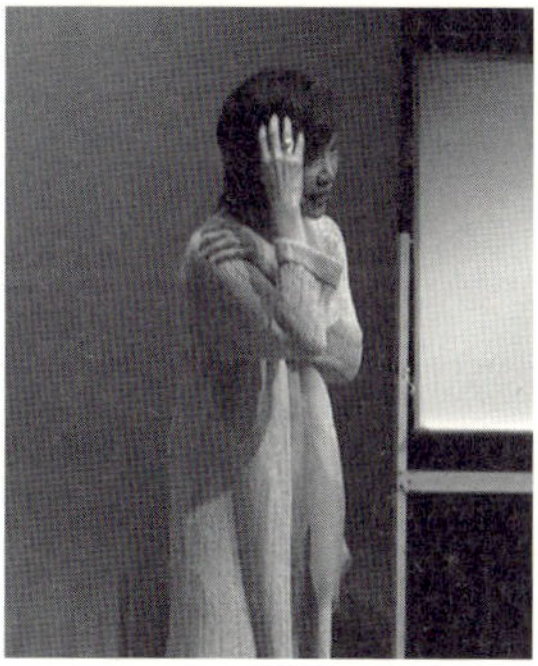

それとか今みたいに、そんなことしたらこうなるんじゃないかとか、いろんなもの。

それ全部、地球のバイブレーションです。そうなの！　そうなのよー、いいじゃない、素敵（笑）

だから、今のも、そしてこうじさんのも、ちょっとやりましょうよ。ね！

その、体の「重い」ですよね。

そしてこうじさんの質問に出てきたのって、なんでしたっけ？

K　好き勝手に。

AYAKO　あ！　そうそう。好き勝手に生きるっていう、その発想自体が、制限の中ですよね！
制限があるから、好き勝手っていうふうに感じるんでしょ！　そうだよね。いけないことみたいだもんね。

ここ（概念のない次元）ではね、力みがないです。

好きなことをやるのがナチュラル。


そして誰もおかさないし、かえって、それをやるのがみんなにギフトになるのがわかります。

本当に自分を生きて、好きなことを本当にやっていくと、
そうなっていいんだよっていう波動を出しているのが、自分でわかる、この次元は。
どう、素敵でしょ。

そうなんです。本来、そこがあなたなんです。

眠ってたことがすごいの。戻っていくんですよ。

もう、体を持ってて、そこに出て行くのが、すごい！　私たち。

だからフェスティバル！


そう思わない？　体を脱いで、高い意識に戻るのは普通だから、だよねー。

自由な意識に戻って、制限使わなくて、この物理次元で存在するんだよ！　すごくない！？

K　すごいですね。
AYAKO　すごいよね。だからフェスティバル。

では、こうじさん、さっき言った、『好き勝手に生きる』みたいな、それも地球のバイブレーションなんでね。

じゃあ、そう言った波動はどんな形か見てください。

ちょうど代表でやってくれたから、皆さんも、同じものがあるはずなんですよ。

地球にやってきて、分離して、誰もが同じものを使ってきましたから、どの人が言うのも自分で使ってます。

なので、こうじさんが言ったそれは『バイブレーション。』　地球で分離から生み出したものです。

それはどんな形をしていますか？

K　ギザギザ。

AYAKO　ギザギザ。はい、材質、何にしましょう。

K　ブロンズ。

AYAKO　ブロンズ。そして、その大きさをちょっと教えてください。みんなも同じもので統合しますから。

K　幅が100メートルで高さが30メートル。

AYAKO　はい。そしてギザギザしたブロンズですよね？
皆さん、いいですか？　捉えました？　じゃ、重さはどのくらいにしましょう。

K　重さはー、1億トン。

AYAKO　いいですね、1億トンですよ、皆さん、1億トン。いいですか？
ギザギザでブロンズ、長さが100メートルぐらい、高さが？

K　30メートル。

AYAKO　30メートル、すごくない？　それで、1億トン。捉えました？　OK。

じゃあ、まず最初に磁場を意識してください。統合の時、磁場を意識してくださいね。

波打って広がる、この光のウェーブが起きてる、東西南北、見渡す限り広がっているアンフィニの磁場の上です。

磁場の上に、しっかり立っているのを意識してください。

はい、そして両手でそのブロンズでできた、ギザギザの1億トンの重さのある形を、
スコンと前のほうに出してください。スッときれいに出たら、きれいな球体にしてください。
ブロンズのきれいな球体。大きな球体になってかまわないですよー。大きな、大きな球体です。
直径が100メートルでも、1キロでもいいです。ずっしり重量感を1億トン感じて、

はい、目の前のスロープにのせてください。スッと両手を放すと、
重みでゴロゴロゴロゴロ……ときれいにまっすぐ転がっていってアンフィニの磁場の中央の穴に、ストン！
そう自然に深呼吸出ますね。ふるーい地球の錆びたバイブレーションでしたね。

こうじさん、転がりましたね。きれいに。

では、皆さん、前をパターンとあけましょう。
そして、今転がした残りが、あなたの意識のすみずみから、
ひとつ残らずシュッ！　と集まってきて、ガチッと硬いずっしり重量感のある球体になります。
大きな大きな風穴をあけるために、こうやって2度目にやる時に、おおーきな球体にしてあげてくださいね。
ガチッと硬いずっしり重量感のある球体、スコンときれいに抜けます。大きな風穴があきます。

前に出たずっしり重量感のある球体を、はい、スロープにのせましょう。
はい、スッと両手を放すと、きれいにゴロゴロゴロゴロ……ときれいにまっすぐ転がっていって、
中央の穴にストン！　はい、深呼吸。

ふわーーーっと風を通してあげてください。

アンフィニの磁場は、皆さんたちのがストンストンストンストンストン！　と落ちていって、
ぐわんぐわんぐわんと波打って広がっていきます。

光のウェーブがすーごいうねりをもって、幾重も幾重も、アンフィニの磁場のすみずみまで広がっていきます。

その磁場の上にしっかり立って、おおーきくあいた風穴に風を通してあげてください。

波打って広がるアンフィニの磁場を意識してください。

この東西南北、見渡す限り、地平線、水平線の彼方、
そして向こう側に、まわり込むように広がっているアンフィニの磁場。
何の法則もない、分離のない、もともとの私たちの高い意識の磁場でもあります。
その磁場の上で大きく開いた風穴に前から後ろにふわーーーと風を通してあげてください。

足もとから、光のウェーブが幾重も幾重も起きていっています。

風を通してあげながら、あなた自身が、クリスタルの柱になって、立っているのを見てください。

クリアなクリスタルの柱。

大きくあいた風穴に、なつかしい宇宙と同じ、概念のない風を通してあげながら、凛と立つ、
そのクリスタルの裾野が、ぐぐぐぐっと、
アンフィニの磁場に根づくように、ぐぐぐぐぐっと
しっかりグランディングしていくのを見てください。感じてください。
風の通りはいいですか？

宇宙と同じ、なんの法則もない、なつかしい風です。馴染ませてあげてください、風を通してあげて。あなたのクリスタルが無限の分離のないアンフィニの磁場にしっかりとグランディングしたら、ゆっくりでいいです。目をあけてください。どうですか、こうじさん。

K　はい。一番ワクワクしました。

AYAKO　ふうーん（笑）

K　あと、肩の重みがすごい取れました。

AYAKO　そうですね。皆さんたちは、この磁場で高い音、つまり、目の覚めた、本来の自分の高い次元の音を聞いて、そっちが振動していってます。振動していくから、今まで使っていた地球のバイブレーションが、違和感となってくるわけです。だから、重みになったり、肩で、わかる？　頭が……。すべてがバイブレーションですので、そぐわなくなったバイブレーションを手放し始めてください。体に、例えば重みがあっても、それはバイブレーションなんで、手放してください。だからこうじさんが、いや、『そんなことしたら、こうなるんじゃないか』って、明らかにここ（概念の中）での感じ方だよねー。どう考えたってそうじゃない。

誰もが100、完全で、誰もが100、自由な生き方をして、あまりあるのが本当なの。
「制限をしましょ」って言って、制限の中での生き方だったから、そんなふうに感じるのよ。

成功すると人のを取っていくような、誰かが成功すると自分のを取られたような、制限があるから、
「これだけしかない」っていう、そういう磁場だった。その次元だった。
だから、いろんなもの、これ1週間出てきますので。

それでね、一番見やすいのは、あなたが創ってる現実、シーンですよね。
あなたの日常っていうのは、あなたが創り出す毎瞬の現実を、日常と呼んでるだけです。わかります？
今まで日常に流されて、外に意識を向けて、眠ってきたかもしれませんけど、
今度はちゃんと、しっかりと操縦席に座って、戻る態勢を始めてください。

つまり、外にフォーカスして、出てきた『バイブレーション』を感じて、現実に対処し始めるっていう、
現実に力を与えていくのではなくて、出てきた『バイブレーション』に意識を向ける。わかる？
創った現実のほうに意識を向けていくんじゃなく、
それを映し出すのに使ったバイブレーションのほうに意識を向けるの。それを始めてください。

そして、どの瞬間も、今まで家族と過ごした時でも、家族を普通に見て、普通に話をしていたのを、
あなたが立ち止まって、現実を中立に見て、今、体験している波動、それに意識を使ってください。
そして、それを統合してってください。いいですか？

じゃあ、彼女の体のもちょっとやりたいので、『重み』があるって言いましたね。ただの波動ですから。はい。では、その重みの波動はどんな形をしていますか？

（受講生）　楕円形のような、勾玉のような形。
AYAKO　材質は何でしょう？
（受講生）　材質は、鉛のような。
AYAKO　はい、いいですね。その大きさを細かく教えてください。皆さん、同じものをやりますから。
（受講生）　大きさは、うーん、なんだろう、えーと、湖。
AYAKO　ぐらいあるんですね。（笑）　湖。何キロもあるっていうこと？
（受講生）　そうですね。
AYAKO　はい。いいですよー。見えたとおりを言ってあげてください。何キロもあるんですね？
（受講生）　はい。
AYAKO　何キロもあるんです。そして、さっき言ったような楕円のような、勾玉のような、わかりますよね？そして、材質は何でしたっけ？
（受講生）　鉛。
AYAKO　鉛。ＯＫですか？　皆さん！　じゃあ、重さ、いきましょう。重さどのくらい？
（受講生）　１００トン
AYAKO　はい、重さは１００トン。そして、湖、何キロもある、大きさです。で、楕円形のように、ちょっとくねっているんですよね。重さは、１００トンですよ、皆さん。硬さも中までガチッと硬い鉛ですよ。この硬さと重さ、とても大事ですから、それに意識を使ってください。いいですか？

じゃあ、両手でそれをはさんでください。

そして、アンフィニの磁場を意識してください。

呼吸するように光のウェーブが、幾重も幾重も波打って広がっている、アンフィニの磁場。

まず、東西南北、このアンフィニの磁場の大きさを、広大な壮大なスケールの大きさを意識してください。


そして、磁場の上で、はい、両手でスコーンと前のほうに、その鉛を出してください。

はい、きれいな球体にしますよ。、皆さん。１００トン。

すっごい、ずっしり重い、ものすごい大きな球体になると思います。


では、その球体をスロープの上にのせて、スッと両手を放してください。

手を放すだけで、球体はゴロゴロゴロゴロ……と、きれいにまっすぐ転がっていって、中央の穴にストン！

深呼吸をしてください。


転がりましたか？　転がった？

（受講生）　はい。

AYAKO　では、波打って広がるアンフィニの磁場を意識しながら、前を皆さんパターンとあけて、
そして、今転がした残りが、あなたの意識のすみずみから、ひとつ残らず集まってきますよ。
そして、おっきな球体にして、おっきな風穴をあけましょう。

シュッといっぺんに集まってきて、ガチッと硬い、ずっしり重量感のあるブロンズの球体。

スコンときれいに抜けます。おおーきな風穴があきました。
ずっしり重量感のある球体をスロープにのせて、スッと両手を放すだけで、
重みでゴロゴロゴロゴロゴロ……と、きれいにまっすぐ転がっていって、中央の穴にストン！

ストンストンストンストンと皆さんのが落ちていって、ぐわんぐわんぐわんと喜びあふれる波になって、
光のウェーブが、幾重も幾重も幾重も幾重も波紋のように広がる磁場です。

あなたはその磁場にしっかり立って、大きくあいた風穴に、前から後ろにふわーーーーっと、
なつかしい、かろやかな宇宙の風を通してあげてください。
大きくあいた風穴に風を通してあげながら、足もとに広がるアンフィニの磁場、
光のウェーブが、幾重も幾重も波打って広がっています。

その磁場にしっかりと立って、あなたがクリスタルになって立っているのを見て、
そのクリスタルは、だんだんと力強く太くなっていってるのがわかります。

凛としたクリスタル、透明感あふれるクリスタルの裾野がぐぐぐぐぐっと、
アンフィニの磁場にしっかり根づくように、揺らぎなくグランディングしているのを見てください。
体感してください。風を通してあげながら。

こうして統合する時にね、下からもうひとつ、上がってくる時があります。
その時は、黒光りする鉄の球体でもいいから、転がしてください。

今度はちょっと両側に、壁を想像してください。
こんなふうにこのぐらいの厚みの壁で、
両側にそびえ立つようにある、
ふるーい、地球のバイブレーションです。
遺跡の石でできた、厚みのある壁のように見てもいいです。

それを両手でこういうふうにして、ガラガラガラガラ……と崩してあげると、きれいに崩れていって、
全部球体になって、壮大なスケールで、ダーーーーーって中央に集まってきます。

そうしたら、それを正面のスロープに、ダーーーーーっときれいに転がしてあげてください。
スロープはワイドにワイドにしてあげれば、壮大な数の球体も重なり合うことなく、
きれーいに転がっていきますよね。

地球で使ってきた、ふるーいバイブレーションが崩れて、すべてが球体になって、
ぜーんぶ正面のスロープに転がっていきます。

磁場は使ってくださいね、皆さん。

皆さんたちが、向かう方向を決めたら、あなたの毎瞬の映し出す日常という現実の一瞬、一瞬は、あなたが手放すバイブレーションを、気がつくために映像化しています。

そういう見方を始めてくださいね。どうですか？

（受講生） すっきり感があります。
AYAKO 重さなくなりました？

（受講生） はい。重さはなくなりました。

AYAKO 本当にただのバイブレーションで、手放していってください。あなたの体も波動でできているので。だから重さも、ただのバイブレーション、違和感ですから、あなたのワクワク感とは違うでしょ？

だったらそれを形にして手放していってください。いいですか？

（受講生） はい。

AYAKO これからの生き方、いいですか！
これから、この1週間は、目を覚ましていく生き方をスタートさせてくださいね。

今まで普通に現実に外にフォーカスして、自分の創った現実で、普通に会話してたのを、立ち止まって、その現実をフラットに見て、自分が使ったバイブレーションに意識を向けてください。

ただ単に、あなたが映し出すのに使ったバイブレーションがあるから、その現実を映してるんです。わかる？

だから、これがどんなバイブレーションかって、分析はいらないってことです。

その現実をフラットな映像に見て、ただ、このバイブレーションは、どんな形だろうって言えば、形になるから。

だから、わざわざこのバイブレーションはって感じに行かないでください。意味がないから。


あなたの現実をスクリーンで見て、「これを映し出すのに使ったバイブレーション」って、自分で言うんです。

そして「その形は?」って、形にしていくことをしてください。

すごいシンプルでしょ。寄り道しないで。ストレートに。

どんな形をしている、材質は、硬さは……。使う意識は、硬さと材質と重量感に意識を使ってください。


つまり、形、材質の硬さと重量感、ずっと言ってるでしょ。

それらに意識を使うから、すごくリアリティが出るんです。

あなたが意識を向けたほうがリアルになるので、
重量感は?って、そっちを意識すれば、1トンは1トンに感じれるでしょ。

材質はブロンズ。材質の硬さに意識を使えば、本当にブロンズの、重量感のある硬さを感じる。


そして、硬さと重量感をしっかりして、今みたいに磁場の上で転がしてください。

そのための毎日だと思ってくれる!　映した現実にのめり込んでいく毎日じゃないですよ。

今までは、のめり込んでいくしかなかってでしょ。もう、踏みとどまってくださいね。

そっちに行くのではなく、あなたがこっちに出るのを決めたのであれば、
あなたの日常という、毎瞬映し出す現実は、戻るために映像化しています。わかった?
戻るために使っていってください。

だから、何か起きたから走り込むんじゃなくて、会社に行って、もう追われるような、いつものエネルギーが出た時に立ち止まってくださいね。

追われるようなエネルギーを抱きながら、そこにずーっと入っていくんじゃなくて、立ち止まって、長いこと、本当にこの起きている現実を映像化するのに使ったこれ。

このバイブレーション。これを手放していくの。


だからね、例えば、昨日のあなたが聞いたじゃない、バスに乗り遅れたらって。

あれだって、普通に感じれば、「あー、もう早く行かないといけないし、遅れをどうのこうの！」って、対処したら、もうすごいですよね。汗かきながら。


その生き方をちょっと立ち止まって、現実にのめり込んでいくんじゃなくて、あ、サワサワ感が出てきた、いつものように対処しないといけないって時に、「そうか、これを手放していくんだな！」って。わかる？

立ち止まるんですよ。現実は中立で、本当にバスは走ってるだけなんです。


昔、バシャールが言ったように、ミーティングに遅れるって、駆けあがって電車のホームに行って、乗らなきゃいけないの電車の扉が閉まって、発車して、「あーもうミーティングに遅れた！」と思った時に、バシャールが「ワクワクしてください。それによって、自分がどんなワクワクを創ろうとしているんだろう」っていう情報がありましたけど、本当なんです、あれ。（笑）体験しているのは自分の中だけだった。

だから、あなたが会社に行って、いつもの馴染み深いものが出てきた時に、「だって実際、対処しなきゃいけないものがいっぱいあるもん！」って思うでしょ。

それでも踏み止まって、今までの外向きの生き方ではなく、『現実は中立で、感じているのは自分の中だけ。』そのバイブレーションを統合して、自分が創り出しているこの次元から、出て行くことを選んでください。

そのバイブレーションを選び続けてたら、ずっとエンドレスですよ。
もうこれが解決しても、また対処しないといけないこと創る。またこれが解決しても対処しないといけない。
そういう生活してきた？　その波動で創り続けてきただけなので。

だから、バスに乗り遅れても、その出てきたものを統合すれば、違う次元に出ますから、そしたらもう、すごいゆったりと、「あ、こうすればいい」っていうのが見えてきます。
制限のある次元で、必死で、「こうすればいいんだ！」ではないですから。

なので、皆さんたちが創り出す現実で、そこにのめり込んでいくんじゃなくて、立ち止まって、現実をフラットに中立にして、使っているバイブレーションに意識を向けて、
形にして、手放すことを始めてください。

最初は、よちよち歩きだから、上手くできないこともあるでしょう。かまわない。やり始めることが大事だから。
そして、次の週、皆さんたちが来た時、さらに進んでいきます。最初っから、そんなに上がっていかないですよ。
だって、今まではフォーカスは外。現実のほうに、のめり込んでいたから。

でも、少なくともこの1週間で立ち止まって、それを中立に見て、こっちに意識を使い出したら、
とにかくやわらかく、変わっていきますから。いいですか？　この磁場から抜けていこうね。（笑）

何か質問ありますか？（手があがる）どうぞどうぞ。

A　なんか体の中の感覚がものすごく変わってきてる感じがして、あやこさんの話に集中しているんですけど。声とかがなんかホワ～ンと、あんまりはっきり聞こえなかったりとか、みたいな。なんかすごい不思議な、遠くから聞こえてきてる感覚なんですけど。これが、現実でもそういうふうに見え方もだし、音の聞こえ方もだし、そういうことが変わって……。

AYAKO　（エネルギーを感じて）それはちょっと、高い音を入れないようにし始めたような気がします。

A　うーん。それはちょっと抵抗しているんでしょうか。

AYAKO　そうですね。

本当に本来の音を聞いているんですけど、それに斜をかけて、だんだん意識が散漫になるような感じ。つまり、彼が言っていた、転がすんだけど、転がさないみたいな。

あなたはちょうど中央の席にすわっているんですけども、あなた自身が今までは、眠るほうを選んできたんです。そうですよね？　だから眠っていられた。私たちはこの惑星で、眠って、たくさんの体験を楽しんだ。

だから、まだ無意識で、眠るほうを選んでると、高い音を入れないようにし始めるんですね。上がらないように。

だって、そんなことしたら目が覚めちゃうじゃない！って話じゃない。昔、２２年前そうでしたよ、皆さん。

高い音を入れないようにするわけですよ。わかる？　眠ってしまったりとか、ボーっとしていっていたりとかね。

それが起きてます。で、ここで選択なのよ。

それは、今まではそうやって眠ることを選んでいたから、目が覚めていくことを入らないようにするのは、もう、条件反射のようにやってきたと思ってください。だから眠ってられたんだって、思ってください。

A　今でも目覚めたいと思っているのに、なんか体が、なんかまだ……。

AYAKO　そうなのよ。そうなの。頭では目覚めたいと思いながら「私は目を覚ましたいんです！」って、3パーセントの表面意識で言ってて、しっかり眠る方を握っている人、今までいっぱい見てきましたから。しっかり眠るほうを握りながら、「目を覚ますの！　私」「目を覚ましたい」って言うから、言葉どおり受け取って、目を覚ましたいんだ！って思ってたんですけど、みんなしっかり日常は眠っていってましたから。

だから、こうやってクラスに来る時だけ、パーンと上がって、日常は眠るほうを選ぶわけです。

ここは違いますからね、アンフィニは。日常で目を覚ましていくんですからね。

昨日、あなたが分かち合ってくれた変化をした、現実が変わったって言ってましたよね。
だから、あなた自身が自分で、現実が変わることがワクワクすることなのか、
それともこの磁場を抜けて、高い意識に戻って、本当の自分に戻っていくのが自分がワクワクするのか、
どちらかを選んであげるのがとても大事なんです。

両方握りながら、目を覚ましていくことはしません。

あなたの中がスッキリと、向かう先がひとつになった時、アンフィニを使って、この磁場を抜けていきます。

あなたにとって、ワクワクするほうを選んでください。

A　大きな意識に戻っていくほうがワクワク。

AYAKO　そうしたら、今までの習慣なだけだから。
高い音を聞くとけむっていったり、これ以上行かないように、恐怖感を出して止めたりとか、
さっきみたいに、深いところで眠るほうを選んでるのを出したりするのも。

じゃあね、こんなふうにしてください、皆さんも一緒にね。

私たちって、眠ってきたわけだから、当然こういうことは起きてくるわけでしょ。

目を覚まそうと思ってたのに、眠るほうを選んでいるよって気がつくわけでしょ。そうだよね、選んできたから。

でも、そのたびに、「あ、今まではそうだったけど、今はこっちを選ぶ」って、選び変えることが大事だよね。

眠ってたから、高い音を聞くと、眠るほうを選んでたのが透けてくるのは、いいことですね。

だから目が覚めていける。

ちょうど自分の体が真っ二つになってて、右と左にエネルギーが分かれていて、
色を2つにしてほしいんですけど、何色と何色にしますか。

A　赤と青。
AYAKO　赤と青の真っ二つね。真っ二つで赤と青のエネルギーです。材質は何にする？
A　鉄。
AYAKO　両方とも鉄でいいですか？
A　両方。
AYAKO　では、いいですか？　はい、じゃあ、みんな立ってください。

そして、皆さんたちの体の形ですね、鉄でできて、あなたの体の形。ひとまわりか、ふたまわり、大きくしておいてください。そして、真っ二つに分かれているエネルギーで色が、赤と青。

でもね、それぞれに見てください。皆さんたちが見える色で見てください。

で、鉄でも大理石でもブロンズでもいいです。あなたが見えるもので選んでください。

では皆さん、誘導するので、大きな声で答えてくださいね。では、色は何色と何色ですか？

（受講生全員　それぞれが色を言う）

AYAKO　材質はなんですか？

（受講生全員　材質を言う）

AYAKO　両方でいいので、重さはどのくらいありますか？

（受講生全員　重さを言う）

AYAKO　はい。ものすごいガンとした、ふるーい地球のバイブレーションです。眠るためには大事だったものですよ。私たちって、軽いからね。しっかり重しになっているような、ものすごい重さ。大理石、鉄、石、見えてるものでいいです、その重さ。両手で、あきこさん、こうやって両側をはさんで、あなたの体の形。

そしたら磁場を意識してください、皆さん。波打って広がっていってる、呼吸しているように光のウェーブが起きて、その磁場の上で、はい、スコーンと前に出してください。出ました？

そしたら、その鉄。きれいな球体にしましょう。ふたつがひとつになります。マーブル模様になってもいいし、色が混ざってもいいですよ。なりました？はい、そうしたら目の前のスロープにのせてあげてください。そして両手をスッと放してあげると、ゴロゴロゴロゴロゴロ……と、きれいにまっすぐ転がっていって、中央の穴にストン。はい、深呼吸。転がりましたか？

前をパターンと大きくあけて、
そして今転がした残りが、あなたの意識のすみずみからひとつ残らず、
いっぺんにシュッと集まってきてガチッと硬い、動かしがたい重量感のある球体になります。

大きな風穴をあけましょうね。はいスコーンと抜けます。
前に出たきれいな球体、ずっしり重量感を感じて、スロープにのせましょうね。
はい、スッと両手を放すと、重みでゴロゴロゴロゴロ……と、
きれいにまっすぐ転がっていって中央の穴にストン！　はい、深呼吸。
風を通してあげてください。

大きくあいた風穴に前から後ろに風を通してあげながら、波打って広がるアンフィニの磁場にしっかりと立って、
アンフィニの磁場、東西南北、遠くまで見渡す限りの、この広大な広さを見渡してくださいね。

そして風を通してあげながら、あなたが凛としたクリアなクリスタルでしっかり立っているのを見てください。
アンフィニの磁場に、凛とした揺らぎないクリスタルで、しっかりと立って、しなやかだけど凛としています。
そのクリスタルの裾野がぐぐぐぐっと、アンフィニの磁場に、しっかりと根づくように、
グランディングするのを見てください。感じてください。
転がりました？　あきこさん。
A　うなずく。

AYAKO　はい。じゃあ、最後に皆さん、自分のこの頭のほうから、スクリュー、ねじがね、それがブロンズでもいいし、鉄でもいいです。体に入っていったスクリューを、左回りにこういうふうに抜いていくのを、やっていただけますか?。こういうふうに、わかります?　イメージでいいですからね。手は先まで行かないだろうから。わかる?

左巻きで取れていきますよね。わかります?　スーッと抜いちゃってください、上のほうに全部。抜けたら、そのスクリューを、前にこうやって持ってきて、球体にしちゃってください。重量感しっかり何億トンでいいですよ、地球のだから。

はい、スロープにのせて、スッと両手を放すと、重みでゴロゴロゴロゴロ……と、きれいにまっすぐ転がっていって、中央の穴にストン。はい、深呼吸。

はい、ではこの1週間、アンフィニの磁場で過ごしてください。そして、磁場の上で、どんな現実を見ても、フォーカスを自分のほうに向けて、現実をフラットなシーンで見て、あなたが使ったバイブレーションを形にして、磁場の上で統合を始めてください。

あきこさんも、そうやってボワーンとしたら、ただの地球のバイブレーションだと思ってください。そして、それを形にして手放してください。どうです、すっきりしました?

A　うなずく

AYAKO　よかったー（笑）　すっきりしたよね。
よかったです。ちょうどその波動が出てきていたので。
あなたが口に出してくれたことで、同意が起きて、
手放すほうを選んだので、こうして手放していけるんです。わかった！？

ワクワク以外は、波動だと思って手放してください。わかる？　いいですか？
だから、ひとりひとりのシェアがとてもよかったです。
いさおさんのシェアも、とても大事だったんです。わかります？

今言ったのはとても大事で、私たちは上がっていく時、目を覚ましていく時、
眠りを選んでいたのが透けて見えてくるんですよ。でしょ！
今の自分は違うわけでしょ。

そしたら、今までは眠りを選んでただけど、目を覚ますほうを選び変えることができますね。
あらためて、「私はもう目を覚ますことを選ぶ」って、その選んでた眠りのほうを手放していくわけです。
今みたいに。ＯＫ？

いいですか？

楽しんでやってきてください。
ワクワクしながら、この眠った生き方が、ほどけていくのを体験してきて下さい。
この磁場の上で。

この惑星って楽しいよ！　目を覚ますことになったら！
とてつもなく楽しい。

じゃあ、１週間後にお会いしましょう。楽しんでやってきてください。
どんどんどんどん手放していってください。ＯＫ？

では、いってらっしゃーい！（会場　笑）
また来週！　は～い、行ってらっしゃーい！

Profile

関野あやこ

1987年バシャールとの出会いをきっかけに、自分の宇宙意識とつながりだす
その後、『宇宙授業』など彼女独自のセミナーを多くの人たちに提供してきた
2000年には、自分の高い意識に戻っていくメソッド『アンフィニ』を生み出す
2008年バシャールとの対談の中で、エササニや他の惑星でも目を覚ますことを
教えていたことを思い出す。(エササニでの名前はシスターササニ=Living Light
生きている光という意味) 地球の制限や概念の外に存在する彼女のエネルギーは
誰もがそこで生きれることを感じさせてくれる

バシャール

ダリルアンカ氏によってチャネルされる、4次元から5次元に移行しつつある
惑星エササニの多次元的存在。「ワクワクすることを選択してください。
ワクワクはあなたが真実でいるというバイブレーション」というメッセージは
ダリル初来日の20年前から今もなお、多くの人に影響を与え続けている

Dr. ベアトリス ミルベール

フランスの量子物理学者、内科医。1997年から生物物理学者とともに
ホメオパシーと量子物理学との関係を研究し始める。2008年量子物理学者と
医師たちと共著"Un nouveau regard sur le vivant(物理次元の新しい見え方)"を出版。

なつかしいハーモニーの惑星へ

2010年８月25日　初版第一刷発行

著　　　者　関野あやこ

編集・デザイン　笠井裕子　大湯由里子　佐藤カスミ

発　　　行　株式会社アンフィニ グローバル
〒240-0111　神奈川県三浦郡葉山町一色 2499
Tel 080-1425-3300
www.infini-global.org　info@infini-global.org

発　　　売　株式会社ヴォイス
〒106-0031　東京都港区西麻布3-24-13 広瀬ビル2F
Tel 03-3408-7473（出版事業部）
www.voice-inc.co.jp　book@voice-inc.co.jp

組　　　版　有限会社アニー

印刷・製本　藤原印刷株式会社

ISBN978-4-89976-317-8 Printed in Japan

Special thanks, Lisa Kasai, Aiko Aono